高等职业教育"十三五"系列教材

Qiche Kongtiao Xitong Jianxiu
汽车空调系统检修

王志远　于晓英　**主　编**
宋美玉　马　丽　**副主编**

人民交通出版社股份有限公司
北京

内 容 提 要

本书为高等职业教育"十三五"系列教材。全书共包括7个项目,主要内容包括汽车空调总体认识、汽车空调制冷部件检修、汽车空调采暖与空气通风净化系统检修、汽车空调控制系统检修、汽车空调制冷系统检测、汽车空调系统使用与维护、汽车空调技术前沿科技。

本书主要供高职高专院校汽车类专业教学使用。

图书在版编目(CIP)数据

汽车空调系统检修 / 王志远,于晓英主编. — 北京:
人民交通出版社股份有限公司,2020.8
ISBN 978-7-114-16627-3

Ⅰ.①汽… Ⅱ.①王… ②于… Ⅲ.①汽车空调—检修—高等职业教育—教材 Ⅳ.①U472.41

中国版本图书馆 CIP 数据核字(2020)第 102569 号

书　　名:	汽车空调系统检修
著 作 者:	王志远　于晓英
责任编辑:	李　良
责任校对:	孙国靖　宋佳时
责任印制:	刘高彤
出版发行:	人民交通出版社股份有限公司
地　　址:	(100011)北京市朝阳区安定门外外馆斜街3号
网　　址:	http://www.ccpcl.com.cn
销售电话:	(010)59757973
总 经 销:	人民交通出版社股份有限公司发行部
经　　销:	各地新华书店
印　　刷:	北京市密东印刷有限公司
开　　本:	787×1092　1/16
印　　张:	9
字　　数:	231 千
版　　次:	2020 年 8 月　第 1 版
印　　次:	2020 年 8 月　第 1 次印刷
书　　号:	ISBN 978-7-114-16627-3
定　　价:	27.00 元

(有印刷、装订质量问题的图书由本公司负责调换)

前言

QIANYAN

随着职业教育教学改革的不断深入,职业学校对课程结构、课程内容及教学模式提出了更高的要求。教职成〔2015〕6号文件《教育部关于深化职业教育教学改革全面提高人才培养质量的若干意见》提出:"对接最新职业标准、行业标准和岗位规范,紧贴岗位实际工作过程,调整课程结构,更新课程内容,深化多种模式的课程改革";教职成〔2019〕13号文件《教育部关于职业院校专业人才培养方案制订与实施工作的指导意见》提出:"坚持面向市场、服务发展、促进就业的办学方向,健全德技并修、工学结合育人机制,突出职业教育的类型特点,深化产教融合、校企合作,加快培养复合型技术技能人才"。为此,人民交通出版社股份有限公司根据教育部文件精神,依据教育部颁布的职业学校汽车运用与维修专业教学标准,组织编写了本套教材。

本套教材总结了全国众多职业院校的汽车专业教学经验,将岗位所需要的知识、技能和职业素养融入汽车专业教学中,体现了职业教育的特色。教材特点如下:

(1)"以服务发展为宗旨,以促进就业为导向",加强文化基础教育,强化技术技能培养,符合汽车专业实用人才培养的需求;

(2)教材编写符合职业院校学生的认知规律,注重知识的实际应用和对学生职业技能的训练,符合汽车类专业教学与培训的需要;

(3)教材内容注重培养学生的职业技能,与市场需求相吻合,反映了目前汽车的新知识、新技术与新工艺,便于学生毕业后适应岗位技能要求;

(4)教材内容简洁,通俗易懂,图文并茂,易于培养学生的学习兴趣,提高学习效果。

《汽车空调系统检修》为本套教材之一。主要内容包括:汽车空调总体认识、汽车空调制冷部件检修、汽车空调采暖与空气通风净化系统检修、汽车空调控制系统检修、汽车空调制冷系统检测、汽车空调系统使用与维护、汽车空调技术前沿科技7个项目。

本书由王志远、于晓英担任主编,宋美玉、马丽担任副主编。其中,马丽编写了项目1、项目6,宋美玉编写了项目2、项目3,王志远编写了项目4、项目7,于晓英编写了项目5,王志远、于晓英负责全书的统稿工作,参与教材编写的人员还有韩永伟、唐毅。本书的主、参编人员的工作单位为山东交通职业学院。

在本书在编写过程中,参考并应用了大量文献资料,在此,对参考文献的原作者和对本书提出宝贵意见和建议的行业、企业专家表示衷心的感谢!

由于编者水平有限,书中难免出现疏漏和不足之处,敬请读者予以批评、指正。

编　者
2020年1月

目录

项目1　汽车空调总体认识 ··· 1
　概述 ··· 1
　任务1　汽车空调的发展 ··· 1
　任务2　汽车空调系统认识 ·· 3
　知识点小结 ··· 8

项目2　汽车空调制冷部件检修 ··· 9
　概述 ··· 9
　任务1　空调制冷循环系统结构认知 ·· 9
　任务2　压缩机及电磁离合器的检修 ··· 19
　任务3　冷凝器的检修 ··· 24
　任务4　储液干燥器的检修 ··· 27
　任务5　膨胀阀的检修 ··· 29
　知识点小结 ·· 34

项目3　汽车空调采暖与空气通风净化系统检修 ··· 35
　概述 ·· 35
　任务1　汽车空调采暖系统检修 ··· 35
　任务2　空调空气净化系统检修 ··· 38
　任务3　汽车空调配气系统检修 ··· 40
　知识点小结 ·· 46

项目4　汽车空调控制系统检修 ·· 47
　概述 ·· 47
　任务1　汽车空调压缩机控制系统检修 ·· 47
　任务2　汽车鼓风机控制系统检修 ·· 60
　任务3　冷却风扇控制系统检修 ··· 64
　任务4　手动空调控制系统检修 ··· 68
　任务5　自动空调控制系统检修 ··· 73
　任务6　汽车空调电路分析 ··· 88
　知识点小结 ·· 93

项目5　汽车空调制冷系统检测 94
概述 94
任务1　汽车空调检修专用仪器及设备 94
任务2　汽车空调制冷系统检漏方法 100
任务3　制冷剂纯度的鉴别 104
任务4　制冷剂的回收及加注 107
知识点小结 118

项目6　汽车空调系统使用与维护 119
概述 119
任务1　汽车空调的使用 119
任务2　汽车空调的维护 123
知识点小结 129

项目7　汽车空调技术前沿科技 130
概述 130
任务1　R744空调制冷系统 130
任务2　新型环保制冷剂 132
任务3　IWT新型热交换管路 134
任务4　电动空调压缩机 134
知识点小结 137

参考文献 138

项目 1 汽车空调总体认识

 概　　述

空调即空气调节器。汽车空调系统是实现对车厢内空气进行制冷、加热、换气和空气净化的装置。它可以为乘车人员提供舒适的乘车环境,降低驾驶员的疲劳强度,提升汽车的安全性。

汽车空调系统已大众化、普及化。现在大多数汽车出厂时就安装了空调设备。不但轿车、旅游客车和公共汽车上装有空调设备,甚至在载货汽车、拖拉机的驾驶室里都装有空调设备。空调装置已成为衡量汽车功能是否齐全的标志之一。

任务 1　汽车空调的发展

1 任务引入

自 1886 年德国的卡尔·本茨(Karl Benz)造出第一辆汽车至今,汽车工业发展很快,各类汽车(普通型小轿车、大客车、旅游车等各种专用车)已经成为人们的重要交通工具,汽车工业也已成为国民经济的支柱产业。随着汽车工业的发展和人们物质文明水准的提高,人们对汽车的舒适性要求越来越重视,因而汽车空调技术也得以发展。

汽车空调的应用比汽车的产生落后约半个世纪,但它的发展速度却很快,这不但表现在数量上,而且在结构性能上也有很大改善。半个多世纪以来,汽车空调技术的发展主要表现在追求整个空调系统的小型轻量化、减少能源消耗和实现自动控制方面。

2 相关理论知识

2.1　汽车空调的发展历程

汽车空调技术历经从低级到高级,由功能简单向功能齐全方向发展的,其发展过程可以概括为以下五个阶段。

(1)单一供暖,即利用与房间供暖原理一致的汽车空调。

1925 年,在美国最先出现利用汽车冷却液通过加热器的方法取暖。

1927 年,在美国问世的第一台空调系统有比较完整的供热系统。它包括一个加热器、一个空气过滤器和一套通风系统,仅有供暖功能。

目前在寒冷的北欧、亚洲北部地区,汽车空调仍然使用单一供暖系统。

(2) 单一制冷的汽车空调。

1939 年,由美国通用汽车帕克公司(Packard)首先在轿车上安装机械制冷降温的空调器,成为汽车空调的先驱。

目前在热带、亚热带地区,汽车空调仍然使用单一制冷系统,如广东、海南的出租汽车,大部分只有制冷功能。

(3) 冷暖一体化的汽车空调。

1954 年,美国通用汽车公司首先在纳什(Nash)轿车上安装了第一台冷暖一体化的整体式空调设备,汽车空调才具有基本的调节控制车内温度、湿度的功能。

随着汽车空调技术的改进,目前冷暖一体的空调基本上具有降温、除湿、通风、过滤和除霜等功能。

(4) 自动控制的汽车空调。

冷暖一体汽车空调需要人工操纵,增加了驾驶员的工作量,同时控制质量也不太理想。1964 年,美国通用汽车公司将自动控制的汽车空调安装在凯迪拉克(Cadillac)轿车上。

这种自动空调装置只要预先设置好温度,机器就能自动地在设定的温度范围内工作,从而达到调节车内空气的目的。

(5) 微型计算机控制的汽车空调。

1973 年,美国通用汽车公司和日本五十铃汽车公司一起联合研究微型计算机控制的汽车空调系统,1977 年同时安装在各自生产的汽车上。

微型计算机控制的汽车空调不仅实现了数字显示和操作自动化,而且对压缩机等主要部件的工作可进行最佳控制,实现了冷、暖、通风三位一体化,可以根据车内外的环境条件,控制空调器的工作,实现了空调运行与汽车运行的相关统一,极大地提高了调节效果、节约了燃料,从而提高了汽车的整体性能。

2.2　我国汽车空调的发展现状

在 20 世纪 60 年代,我国曾经有利用汽车发动机排出的高温废气来取暖的供热系统,并在 20 世纪六七十年代生产的北京吉普和北方的一些长途客车上应用。

1976 年以来,上海、南京、广东等地生产汽车空调设备,但这些产品大多数是为轿车配套的。

20 世纪 80 年代初期,我国从日本购进降温用汽车制冷系统,装在我国生产的红旗、上海等小轿车上,并发展成单一的降温汽车空调。

20 世纪 80 年代中后期,我国第一汽车制造厂以及上海、北京、湖南、广州、佛山等地分别从日本、德国引进先进的空调生产线和空调技术,使我国的汽车空调技术接近世界水平,为我国的汽车空调发展打下了良好的基础。

我国的汽车空调生产厂中绝大部分都引进国外技术生产线和生产设备,还有些是中外合资企业,国内汽车空调技术的研究和开发与国外的差距正在逐渐缩小。随着我国汽车配件市场的逐步放开,国内汽车空调生产厂家面临国外汽车空调专业生产厂家的严重挑战。因此,国内汽车空调生产如何走上专业化、规模化经营之路,成为我国未来几年汽车空调业亟待解决的问题。

2.3　汽车空调的发展方向

随着消费升级及节能减排政策缩紧,促使汽车空调技术不断改进和完善,汽车空调已不再单纯地用于制冷制暖,而是涉及节能环保、改善车内空气质量,同时又要满足消费者个性化需求等。

随着新能源汽车的发展,要考虑到电量的分配和续航里程。新的汽车市场发展形势下,汽车空调将面临新一轮升级和变革。

(1)汽车产业的发展和消费升级使人们对于空调的要求越来越高。如制冷制热的时间要进一步缩短;智能调控的应用;之前是单温区,现在要求双温区或多温区,要兼顾到消费者的个性化需求。

(2)汽车空调有几个部件,如空调压缩机、鼓风机、冷凝风扇是产生NVH(Noise、Vibration、Harshness)问题的源头,而此问题也是市场争议的焦点,目前这一情况已经得以改善。

(3)随着人们对车内空气质量的关注度提高,越来越多的空气净化技术在实车上应用,改善舒适度和清洁度将是汽车生产企业未来竞争的一个方向。

(4)空调作为车内"能耗大户",占发动机功率的20%。在燃油限值日益严苛下,如何降低功耗,让燃油更经济,对于汽车空调系统来说将是一大挑战。轻量化、高效节能成为企业关注重点。

(5)电动汽车的发展对汽车空调来说又是一大新的课题。在采暖制冷情况下如何提高续航里程的问题有待解决。

整体来说,汽车空调正在向着轻量化、高效化且适应电动汽车的方向发展,由提升性能向提升效率转变,就势必会引起关键部件、设计工艺和材料应用等方面的变化。

目前,欧美一些国家已经出台相关法规鼓励高效空调技术的应用,日本也在研究类似制度法规。近年来,我国汽车空调协会一直主张和呼吁高效空调相关鼓励制度,不断尝试采用新的工艺、设计、材料的开发和应用。

现代汽车的空调多采用非独立式空调,其操作使用方便,但若使用不当,会对空调性能及寿命、发动机的工作稳定性及油耗、乘员的舒适性有很大影响。为了节约能源,保证汽车空调系统具有良好的技术状况和工作可靠性,发挥空调的最大效率,延长其使用寿命,驾驶员必须学会汽车空调的正确使用和维护。

 复习与思考题

1. 总结汽车空调的发展历程。
2. 分析描述我国汽车空调系统的现状和发展方向。

任务 2 汽车空调系统认识

1 任务引入

汽车空调系统是现代汽车必备的舒适系统。随着汽车电子技术、计算机技术和控制技术的大量融入,汽车空调检修技术越来越复杂。

作为维修人员有必要了解汽车空调性能评价指标和汽车空调的特点,掌握汽车空调的组成与分类,以便准确地判断空调系统的技术状况,制订空调系统修复方法和工艺流程。

2 相关理论知识

2.1 汽车空调性能的评价指标

汽车空调除了可提高驾乘舒适性外,还能减轻驾驶员的疲劳强度,极大地提高汽车驾驶的安全性。

评价汽车空调质量的指标主要有四个,即温度、湿度、风速和清洁度。

1) 温度

温度是表征物质冷热程度的物理量,通常用温标表示。在汽车空调的指标中,温度是最重要的指标。

在夏季人感到舒适的温度是 22～28℃,冬季是 16～18℃。温度低于 14℃,人会感觉到"冷",温度越低,手脚动作就会越僵硬,驾驶员将不能灵活操作。温度超过 28℃,人就会觉得燥热,精神集中不起来,思维迟钝,容易造成交通事故。超过 40℃,则称为有害温度,将对人体的健康造成损害。

汽车是运动的"房间",经历不同的工作环境。在炎热的南方,汽车在太阳底下停留 1h,车内平均温度可达 60℃,而车顶表面高达 90℃。冬季,汽车的保温性是很差的。汽车空调可使车内温度在夏季保持在 25℃左右,冬季则在 18℃以上。

2) 湿度

湿度表示空气中水蒸气含量的物理量。通常用相对湿度来表示的,即在某一温度下,空气中实际所含水蒸气密度和同温度下饱和水蒸气密度的百分比值。

人觉得舒适的相对湿度夏季是 50%～60%,冬季是 40%～50%。在这种湿度环境中,人会觉得心情舒畅。

湿度过高,就会觉得闷,这是由于人体皮肤的水分不能蒸发,新陈代谢过程受到影响。

相反,环境的湿度太小,人的皮肤会痒。这是由于湿度太小,皮肤表面和衣服都较干燥,它们之间摩擦产生静电的缘故。冬季,气候干燥,皮肤因缺水而干裂(不是冻裂),所以汽车空调要求车内湿度控制在 50%～70% 的范围内。

3) 风速

人在流动的空气中比在静止的空气中要舒适,这是因为流动的空气能促进人体内外散热。所以,空气流速是汽车空气调节的重要内容之一。空气流速在 0.2 m/s 以下为好,并且以低速变动为佳。

实验表明,人头部的舒适温度比足部的要低 1.5～2℃,因此,空气流动方向要形成上凉下暖的环境。为了保持人体舒适,要保证空气的更换速度,包括以下两方面:

一是车内空气的交换速度,即引入外界新鲜空气的比例,外界新鲜空气进入量的多少,由新鲜空气阀开度的大小来控制。

二是车内空气的流动速度,车内空气的流动速度主要解决车内温度不均现象,这种情况主要由出风口的位置、出风方向、鼓风机挡位等来决定。

4) 清洁度

由于车内空间小,乘员密度大,并且发动机废气和道路上的粉尘都会进入车内,容易造成车内空气混浊,严重影响乘员的舒适性。因此,汽车空调必须具有补充足够新鲜空气的功能,具有过滤吸附的功能,以保证车内空气的清新。

2.2 汽车空调的特点

(1) 汽车空调的各个零部件应有足够的强度和抗振能力,接头牢固并防漏。

汽车空调安装在运动的车辆上,承受剧烈、频繁的振动和冲击。汽车空调的制冷系统极易发生制冷剂泄漏，破坏整个空调系统的工作条件，甚至破坏制冷系统的部件。

统计表明，汽车空调因制冷剂泄漏而引起空调故障约占全部故障的80%，而且泄漏频率很高。所以，各部件的连接要牢固，要经常检查空调系统内制冷剂的量。

（2）汽车空调的动力来自发动机。

轿车、轻型汽车、中小型客车及工程机械，空调所需的动力和驱动汽车前进的动力来自同一发动机。

对于大型客车和豪华中大型客车，由于所需制冷量和暖气量大，一般采用专用发动机驱动制冷系统的压缩机和设立的供暖设备。

（3）要求很强的制冷制热能力，其原因主要有如下几点：

①为了减轻汽车自重，隔热层需较薄，同时，汽车的门窗多、面积大，从而导致隔热性能差，热量流失严重。

②车内乘员密度大，产生热量多，热负荷大，而冬天人体所需的热量也大。

③汽车直接暴露在室外，承受日晒雨淋和泥沙侵蚀，环境条件恶劣。乘员的出入频繁，要求车内的空气参数能迅速调节到位，要使汽车空调能迅速地变温，在最短的时间内达到舒适性，要求制冷、供暖量就特别大。

2.3 汽车空调系统的组成与分类

2.3.1 汽车空调系统的组成

汽车空调系统主要由以下几部分组成。

1）制冷装置（系统）

对车内空气或由外部进入车内的新鲜空气进行冷却或除湿，使车内空气变得凉爽舒适。

2）暖风装置

主要用于取暖，对车内空气或由外部进入车内的新鲜空气进行加热，达到取暖、除湿的目的。

3）通风装置

将外部新鲜空气吸进车内，起通风和换气作用。同时，通风对防止风窗玻璃起雾也起着良好作用。

4）加湿装置

在空气湿度较低的时候，对车内空气加湿，以提高车内空气的相对湿度。

5）空气净化装置

除去车内空气的尘埃、臭味、烟雾及有毒气体，使车内空气变得清洁。

将上述各部分全部或部分有机地组合安装在汽车上，便构成了汽车空调系统。在一般的轿车和客、货车上，通常只有制冷装置、暖风装置和通风装置，在高级轿车和高级大客车上，才有加湿装置和空气净化装置。

2.3.2 汽车空调系统的分类

1）按驱动方式分类

汽车空调系统按驱动方式可分为非独立式汽车空调系统和独立式汽车空调系统。

（1）非独立式汽车空调系统（图1-2-1）。

空调制冷压缩机由汽车本身的发动机驱动，汽车空调系统的制冷性能受汽车发动机工况的影响较大,工作稳定性较差。尤其是低速时制冷量不足,而在高速时制冷量过剩,并且消耗功率较大,影响发动机动力性。这种类型的汽车空调系统一般多用于制冷量相对较小的中、小型客车上。

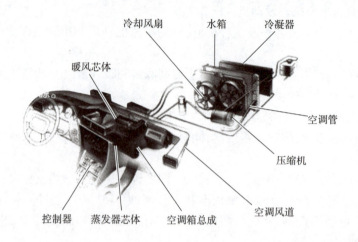

图 1-2-1　非独立式空调系统

(2)独立式汽车空调系统(图 1-2-2)。

空调制冷压缩机由专用的空调发动机(又称副发动机)驱动,因此,汽车空调系统的制冷性能不受汽车主发动机工况的影响,工作稳定、制冷量大,但由于加装了一台发动机,不仅成本增加,而且体积和质量也增加。这种类型的汽车空调系统多用于大、中型客车上。

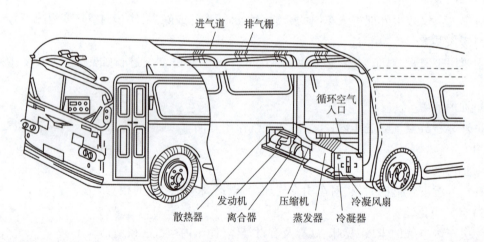

图 1-2-2　独立式空调系统示意图

2)按结构形式分类

汽车空调按结构形式可分为整体式空调、分体式空调以及分散式空调。

(1)整体式空调。

将副发动机、压缩机、冷凝器和蒸发器通过传动带、管道连接成一个整体,安装在一个专用机架上,构成一个独立总成,由副发动机带动,通过车内通风管将冷风送入车内。

(2)分体式空调。

将压缩机、冷凝器、蒸发器以及独立式空调的副发动机部分或全部分开布置,用管道连接成一个制冷系统。

(3) 分散式空调。

将蒸发器、冷凝器、压缩机等各部件分散安装在汽车各个部位,并用管道相连接。轿车、中小型客车及货车都采用这种结构形式。

3) 按蒸发器的布置方式分类

汽车空调按蒸发器的布置方式可分为仪表台板式空调、顶置式空调。

(1) 仪表台板式空调。经常称为前置式空调,蒸发器安装在仪表台板之下,与车内内饰融为一体,布置美观,如微型轿车及微型单、双排座车均采用这种方式。这种布置方式的优点是前排冷气效果好,第二排次之。但微型客车的第二排冷气效果则较差。

(2) 顶置式空调。蒸发器吊置于车内顶上,俗称顶置式空调,一般常安装于中部,也称中央空调。这种布置方式的优点是车内整体降温平衡,克服了仪表台板式空调的缺点。

4) 按蒸发器和冷凝器的数量的不同分类

汽车空调按蒸发器和冷凝器的数量可分为单蒸单冷式、单蒸双冷式、双蒸单冷式和双蒸双冷式。

(1) 单蒸单冷式。

一个蒸发器、一个冷凝器。微型车普遍采用这种方式。

(2) 单蒸双冷式。

一个蒸发器、两个冷凝器。一般是由于冷凝器的安装位置受限,冷凝器只能平置,无迎风效果,于是安装一个副冷凝器,在主冷凝器与副冷凝器之间形成"串联"连接。

(3) 双蒸单冷式。

两个蒸发器、一个冷凝器。这种结构一般是一个前置式蒸发器(仪表台板式)和一个顶置式蒸发器,两个蒸发器之间"并联"连接,前置式蒸发器主要用于前排(驾驶员)及第二排的制冷,而顶置式蒸发器用于后两排的制冷,车内降温比较平衡。

(4) 双蒸双冷式。

早期部分车辆装有两个蒸发器、两个冷凝器。双蒸发器带来了系统的不匹配,特别是高压太高,而主冷凝器又由于空间的限制不能做得太大,这时就需增加副冷凝器,系统高压会变得非常理想。但这种布置方式结构复杂、管路接头多、易泄漏、成本较高,安装也要困难些。随着新能源汽车的普及,双蒸发器主要应用于车厢内的温度调节以及高压电池组的降温。

3 任务实施

3.1 准备工作

阅读车辆维修手册,准备设备和工具(实训车辆1台、空调试验台架1台、常用拆装工具等)。

3.2 操作流程

(1) 根据维修手册、教材或网络资料,观察实训车辆的空调组成部分,认识空调系统的外围组成部件,掌握部件名称及安装位置。

(2)根据实车观察和资料查阅,填写如下工作表格(表1-2-1)。

空调系统外围部件实车认识工作表　　　　　表1-2-1

部件名称	安装位置描述
空调操作面板	
中央出风口	
侧出风口	
除霜出风口	
各脚下出风口	
压缩机	
空调制冷系统管路	
冷凝器	
高、低压安全阀	
电磁离合器	

（左侧合并单元格：空调系统外围部件）

3.3 操作提示

结合自己对汽车空调知识的日常了解及维修手册、教材、网络,完成本次任务。

复习与思考题

1. 评价汽车空调质量的指标有哪些?
2. 汽车空调系统包括哪些装置?它们各自的作用是什么?
3. 汽车空调按驱动方式的不同可分为哪几类?各有什么特点?
4. 汽车空调具有哪些工作特点?为什么?

知识点小结

1. 汽车空调系统由制冷装置、暖风装置、通风装置、加湿装置和空气净化装置组成。汽车空调系统可以按驱动方式、布置形式、送风方式、控制方式分类。

2. 安装在运动的车辆上的汽车空调,承受剧烈、频繁的振动和冲击,其动力来自发动机。汽车空调要求汽车的制冷制热能力大、结构紧凑、质量小。汽车空调的供暖方式与家用空调完全不同。由于汽车内部结构复杂,风量分派不易均匀,因而车内温度分布不易均匀,影响乘员的舒适性。

3. 汽车空调历经由低级到高级、由简单到复杂的发展过程,可概括成单一供暖、单一制冷、冷暖一体化、自动控制、微型计算机控制五个阶段。其未来的发展趋势是:自动化、舒适性、轻量化、环保、空调新技术的出现。

项目 2

汽车空调制冷部件检修

概 述

汽车空调制冷系统的作用:将车内的热量通过制冷剂在循环系统中循环转移到车外,实现车内降温。目前,各种车辆的制冷循环系统差别不大,在实际使用中,空调制冷循环系统出现故障会导致制冷不足或不制冷等现象。

任务1 空调制冷循环系统结构认知

1 任务引入

要解决空调制冷循环系统故障,首先要明确空调制冷循环系统的组成、各部件位置及作用、工作原理,在正确分析检测的基础上,快速诊断各种故障。

2 相关理论知识

2.1 汽车空调基础知识

2.1.1 温度

温度是物质冷热程度的度量,用温标来表示。常用的温标有:摄氏温标,用℃表示;华氏温标,用°F表示;开氏温标,用 K 表示。

(1)摄氏温标(℃)。

1740 年,瑞典人摄氏(Celsius)提出在标准大气压下,把水的冰点规定为 0 度,水的沸点规定为 100 度。根据水这两个固定温度点来对玻璃水银温度计进行分度。两点间作 100 等分,每一份称为 1 摄氏度,记作 1℃。摄氏温标在人们日常生活中应用最为广泛。

(2)华氏温标(°F)。

1714 年,德国人法勒海特(fahrenheit)以水银为测温介质,制成玻璃水银温度计,选取氯化铵和冰水的混合物的温度为温度计的 0 度,人体温度为温度计的 100 度,把水银温度计从 0 度到 100 度按水银的体积膨胀距离分成 100 份,每一份为 1 华氏度,记作"1°F"。

摄氏温度 t 和华氏温度 T 的关系:

$$T(°F) = 1.8t(℃) + 32$$

(3)开氏温标(K)。

1848 年,英国物理学家威廉·汤姆逊(后因诸多科学成就而被封为开尔文勋爵,故又名开尔文)根据热力学第二定律和卡诺热循环理论,提出绝对热力学温标,又称开尔文温标、绝对温标,简称开氏温标,是国际单位制七个基本物理量之一,单位为开尔文,简称开(符号为 T、单位为 K)。开氏标度是用一种理想气体来确立的,它的零点被称为绝对零度。此时,气体分子的动能为零。

为了方便起见,开氏温度计的刻度单位与摄氏温度计上的刻度单位相一致。也就是说,开氏温度计上的一度等于摄氏温度计上的一度,水的冰点摄氏温度计为 0℃,开氏温度计为 273.16K。

开式温度 T 与人们惯用的摄氏温度 t 的关系:

$$T = t + 273.16$$

2.1.2 压强

压强的定义是单位面积上的作用力,在工程上俗称压力,其基本单位是帕(Pa),物理意义是 1 平方米(m^2)的面积上作用有 1 牛顿的力。压强的常用单位有巴(bar)、千帕(kPa)、兆帕(MPa)、psi 等,它们之间的换算关系是 1 MPa = 145 psi = 10 bar。

由于大气本身具有一定的重力,所以大气作用在海面上也有一定的压强,该压强数值为一个大气压。如果将大气作用于海平面的压强值记作 0,并基于此而测量出来的压强值称为表压。如果测量压强时将绝对真空情况下的压强定为 0,则测出的压强值称为绝对压强。大气压、表压和绝对压强之间的关系如图 2-1-1 所示。

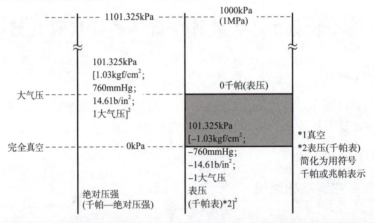

图 2-1-1 大气压、表压和绝对压强之间的关系

2.1.3 湿度

湿度用来表示空气中水蒸气含量。湿度较高时,人就会感到不舒适。表示湿度大小有两种表示方法,一种叫相对湿度,另一种叫绝对湿度。

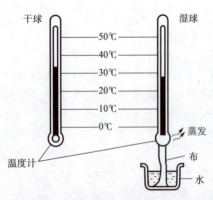

图 2-1-2 干湿球温度计

所谓相对湿度是在某一温度下,空气中实际含水蒸气量(以质量计)与空气在该温度下所能含水蒸气量(质量)之比。通常随着温度的升高,空气所能含的水蒸气量会增加。如果空气的实际含水量不变,温度升高,则空气的相对湿度下降。

绝对湿度:空气中所含水蒸气的量(质量)与干燥空气质量之比。

湿度的测量通常用干湿球温度计。干球就是普通的温度计,干湿球温度计是将干球温度计的玻璃球处包上纱布,再将纱布浸在水中,如图 2-1-2 所示。水便在毛细管的作用下湿润温度计,由于在湿球处的水分蒸发带走一部分热量,使湿球处的温度降低,这样就形成了湿球温度。通过干球温度和湿球温度的值,就可以求出空气的湿度(图2-1-3)。

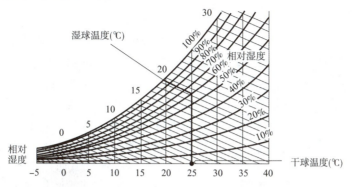

图2-1-3 湿度表

2.1.4 压强与物质沸点的关系

以水为例介绍压强与沸点的关系。在一个标准大气压下,水的沸点是100℃。如果水的压强增大88kPa,冷却液温度就要到118℃,水才会沸腾。如果将水的压强减小到低于大气压39kPa,冷却液温度在84℃时,水就沸腾了,如图2-1-4所示。

a) 0kPa(大气压)

b) 88kPa(较高压强)

c) -39.2kPa(较低压强)

图2-1-4 水的沸点与压强之间的关系

由此可知,物质的沸点是随着压强的增大而升高的。

2.1.5 热传递的基本形式

空调的工作过程实际就是热量的传递和转移的过程,热量都是通过以下三个途径传递的。
(1)热传导。热在物体内的直接传送称为热传导,如图2-1-5所示。
(2)热对流。热对流是受热的液体或气体运动传递热量,如图2-1-6所示。

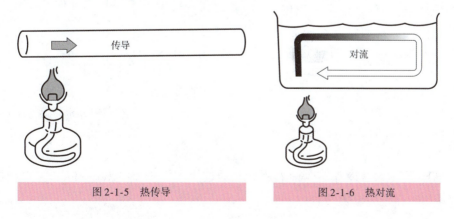

图2-1-5 热传导   图2-1-6 热对流

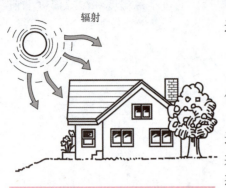

图 2-1-7 热辐射

(3)热辐射。热辐射是以红外线的方式发射和传递热量,如图 2-1-7 所示。

2.1.6 物质的状态变化

增加或减少物质的热量,物质的温度可能发生变化,物质的状态也可能发生变化。

例如,对冰加热,冰的温度会慢慢升高。当温度达到 0℃时,冰就开始熔化,在这一阶段,0℃的水与冰共存。继续加热直至冰全部转变为 0℃的水,这一固态转变为液态的过程称为熔化,而反过来的过程称为凝固。对水加热,水从 0℃升高到 100℃。在 100℃时,水的温度不再继续升高,而开始蒸发,直至水全部蒸发为水蒸气。水的加热过程如图 2-1-8 所示。

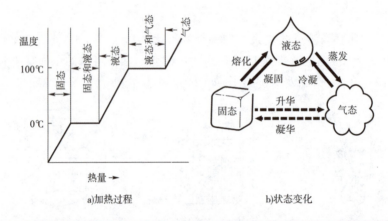

图 2-1-8 水的加热过程和状态变化

水从液态变为气态的过程叫汽化(蒸发)。相反的过程称为冷凝。物质从固态直接转化为气态的过程称为升华,相反的过程称为凝华。

2.1.7 热的形态

从水的加热过程可以知道,加热水时,水的温度会随加热量的增加而温度升高。当加热到 100℃时,水的温度不再升高,而是从液态向气态转变。由此可知,加给水的热量有两种结果:一种是使水的温度升高,另一种是使水的状态发生变化。我们将使物质温度升高的热量称为显热,将物质状态发生变化的热量称为潜热,如图 2-1-9 所示。

如果物质的状态是从液态变为气态,就将这种潜热称为气化潜热。

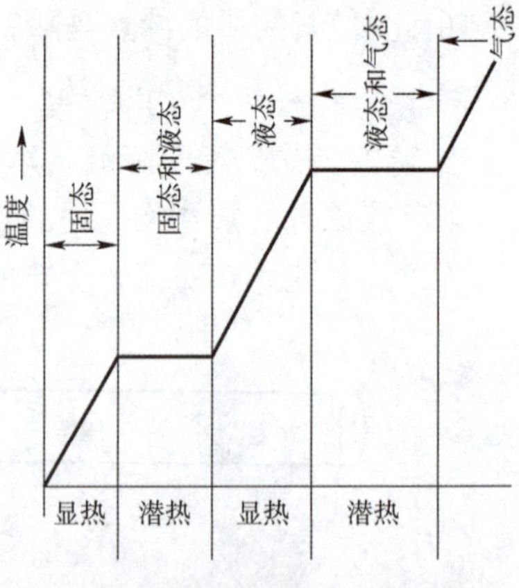

图 2-1-9 显热和潜热

2.2 空调制冷原理

炎炎夏日,车上没有冷源,空调制冷系统是通过什么方法产生源源不断的冷空气吹向车内的呢?

2.2.1 制冷的基本思路

人们在游完泳时,会有冷的感觉,在手臂上涂抹酒精也有凉爽的感觉,这都是因为液体的蒸发带走了热量,如图2-1-10所示。

图2-1-10 蒸发带走热量

由此,我们得到一个启发,利用液体的蒸发可以吸收周围环境的热量。为此,我们制作一个如图2-1-11所示的制冷装置。

将一个带有开关的容器装在一个绝热良好的盒子内,容器中装有常温下容易挥发的液体。将开关打开时,容器内的易挥发液体便开始蒸发,同时吸收绝热盒子内的热量,吸收了热量的液体转化为气体,从开关排出。盒内的温度便会低于盒外的温度。如果容器内的易挥发液体能得到不断的补给,冷却的效果便会持续下去。

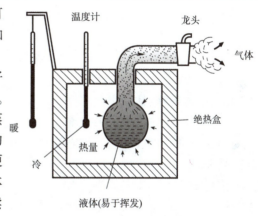

图2-1-11 制冷装置

从制冷装置的运作情况看,制冷过程中热量的转移是靠液体的状态变化实现的,我们将这种液态物质称为制冷剂。

2.2.2 制冷循环

为了使上述的制冷装置的制冷过程持续下去,必须不断地向容器中补充制冷剂,从开关排出的制冷剂也应回收加以反复利用。为此,有必要制作一套装置使制冷剂能够在装置中循环,不断地将热量带走。

由沸点与压强的关系可知,降低压强可以使物质的沸点降低,使其更加容易蒸发而吸收热量;提高压强可以使物质的沸点升高,使其更容易转化为液体而放出热量。为此,将上述装置从开关放出的气体制冷剂回收,使其进入一台压缩机,提高压强,再通过一个称为冷凝器的装置,经强制冷却放出热量变为液体,并将这种液体制冷剂暂时存放在一个储液罐中以备再次使用,如图2-1-12所示。

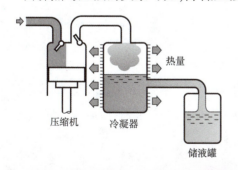

图2-1-12 通过压缩使制冷剂转化为液体并放出热

高压的液体通过一个水孔,可以使其迅速膨胀而压强降低。在这种情况下,液体由于压强的降低非常容易汽化而吸热。因此,将储液罐中的制冷剂通过一个小孔(膨胀阀)放出,让其进入一个称为蒸发器的容器。由于制冷剂的压强下降,所以很快便会蒸发,吸收蒸发器周围的热量,使蒸发器周围得到冷却,如图2-1-13所示。

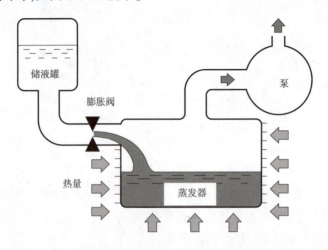

图2-1-13　通过膨胀阀液体制冷剂转化为气体吸收热量

将上述两个过程组合起来,即形成一个制冷循环:储液罐中高压的液态制冷剂从膨胀阀喷出,压强下降,体积迅速膨胀。转化为气体,吸收周围的热量,使周围的温度下降,气态的制冷剂再经压缩机加压形成高压气态制冷剂,高压气态制冷剂进入冷凝器冷却,从气态转变为液态,同时放出热量,液态制冷剂再进入储液罐,以备再次使用。这就是一个完整的制冷循环。

从制冷循环可以看出,所谓"制冷",就是通过制冷剂的状态变化将一个地方(蒸发器周围)的热量带到另一个地方(冷凝器周围)。制冷循环中的各种装置,都是围绕这种热量的转移而设置的。

2.3　制冷系统的分类、组成及工作过程

2.3.1　制冷循环系统的分类

汽车空调制冷系统采用以 R12(氟利昂)或 R134a(新型无氟环保型制冷剂)为制冷剂的蒸气压缩式制冷循环系统,目前车辆上主要采用膨胀阀式或膨胀管式制冷循环系统。

2.3.2　膨胀阀式制冷循环系统的组成

图2-1-14 所示为膨胀阀式制冷循环系统,主要由压缩机、冷凝器、储液干燥器、冷凝器风扇、膨胀阀和蒸发器等部件组成。各部件用耐压金属管或特制的耐压橡胶软管依次连接形成一个封闭的系统,系统内充有一定量的制冷剂和压缩机机油。

2.3.3　膨胀管式制冷循环系统的组成

图2-1-15 所示为膨胀管式制冷循环系统,由压缩机、冷凝器、集液器、冷凝器风扇、膨胀管和蒸发器等主要部件组成。

2.3.4　工作过程

汽车空调制冷系统的工作过程如图2-1-16 所示。

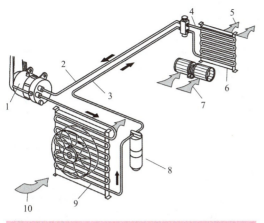

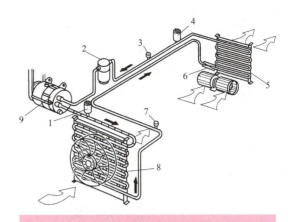

图 2-1-14 膨胀阀式制冷循环系统
1-压缩机;2-低压侧;3-高压侧;4-膨胀阀;5-进入车内的冷空气;6-蒸发器;7-暖空气;8-储液干燥器;9-冷凝器;10-车外冷空气

图 2-1-15 膨胀管式制冷循环系统
1-高压开关;2-集液器;3-低压维修阀;4-低压开关;5-蒸发器;6-膨胀阀;7-高压维修阀;8-冷凝器;9-压缩机

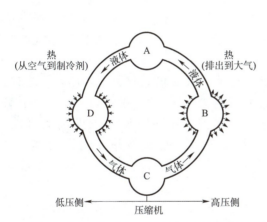

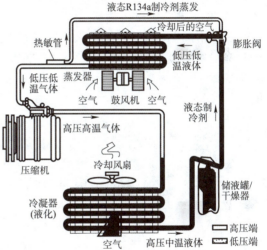

图 2-1-16 制冷循环原理

(1)压缩过程。

压缩机由发动机曲轴皮带轮驱动旋转,将蒸发器中因吸热而汽化的低温、低压制冷剂蒸气吸入后压缩成温度为 70℃ 左右、压力为 1.3～1.5MPa 的高温、高压制冷气体,经高压管送入冷凝器。

(2)冷凝过程。

经冷凝器冷却,将高温、高压的制冷剂气体冷凝成温度为 50℃ 左右、压力为 1.1～1.4MPa 的液态制冷剂后,再送入储液干燥器。

(3)干燥过程。

在储液干燥器中,将中温、高压的液态制冷剂过滤,除去制冷剂中的水分和杂质,然后经高压管送入膨胀阀。

(4)膨胀过程。

经过膨胀阀的制冷剂变为压力为 0.15～0.13MPa、温度为 -5℃ 左右的低温、低压湿蒸汽,

(5)蒸发过程。

在蒸发器内由于容积增大、压力降低,制冷剂汽化,同时吸收大量热,从而使制冷剂温度变为 0～5℃的气态,使蒸发器表面及其周围空气的温度降低。

当鼓风机将车外或车内空气强制吹过蒸发器表面时,便将空气冷却并送进了车厢内。在蒸发器内吸热汽化后的制冷剂蒸气再次被压缩机吸入,然后重复上述过程。

2.4 制冷剂与冷冻机油

2.4.1 制冷剂

制冷剂是制冷循环当中的传热载体,通过状态变化吸收和放出热量,因此要求制冷剂在常温下很容易汽化,加压后很容易液化,在状态变化时要尽可能地多吸收或放出热量(较大的汽化或液化潜热)。同时,制冷剂还应具备以下的性质:不易燃易爆;无毒;无腐蚀性;对环境无害。

制冷剂的英文名称为 Refrigerant,所以常用其头一个字母 R 来代表制冷剂,后面表示制冷剂名称,如 R12、R22、R134a 等。

过去常用的制冷剂是 R12(又称氟利昂)。这种制冷剂各方面的性能都很好,但是有一个致命的缺点就是破坏大气环境。它能够破坏大气中的臭氧层,使太阳的紫外线直接照射到地球,对植物和动物造成伤害。我国目前已停止使用 R12 作为汽车空调系统的制冷剂。

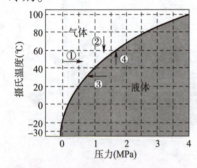

目前汽车上广泛采用 R12 的替代品是 R134a。R134a 在大气压力下的沸腾点为 -26.9℃,在 98kPa 的压力下沸腾点为 -20.6℃。在常温常压的情况下,如果将其释放,R134a 便会立即吸收热量开始沸腾并转化为气体。对 R134a 加压后,它也很容易转化为液体。R134a 的特性如图 2-1-17 所示。

该曲线上方为气态,下方为液态,如果要使 R134a 从气态转变为液态,可以降低温度,也可以提高压力。反之亦然。

图 2-1-17 R134a 蒸汽—压力曲线

2.4.2 冷冻机油

在空调系统中,相对运动的部件需要润滑。由于制冷系统中的工作条件比较特殊,所以空调系统中采用的压缩机润滑油是一种在压缩机高、低温工况下均能正常工作的特殊润滑油。其作用如下:

(1)润滑作用。

润滑压缩机轴承、活塞、活塞环、连杆、曲轴等零部件表面,减少阻力和磨损,降低功耗,延长使用寿命。

(2)冷却作用。

及时带走运动表面摩擦产生的热量,防止压缩机温升过高。

(3)密封作用。

润滑油渗入各摩擦件的密封面形成油封,可阻止制冷剂的泄漏。

(4)降低压缩机噪声。

润滑油不断冲洗摩擦表面,带走磨屑,可减少摩擦件的磨损。

压缩机冷冻机油在空调制冷系统中完全溶解于制冷剂中,并随制冷剂一起在制冷系统中循环,它工作在高温与低温交替的环境中。为保证其正常工作,对冷冻机油的性能要求如下:

(1)凝固点要低。在低温下具有良好的流动性。若低温流动性差,其会沉积在蒸发器内或凝结在压缩机底部部件上,影响制冷能力,或失去润滑作用而损坏运动部件。

(2)应具有一定的黏度,且受温度的影响要小。冷冻机油的黏度越大,压缩机运转克服的阻力增大,消耗的功就会增多,需要的起动力矩也会增大,起动困难;黏度过小,压缩机轴承不能建立起所需要的油膜,润滑条件变差。此外,与冷冻机油互溶的制冷剂会使冷冻机油变稀,若选用黏度较低的冷冻机油,压缩机起动时会产生更多的泡沫。所以,冷冻机油的黏度要选得适当。

(3)与制冷剂的溶解性能要好。在制冷系统中,制冷剂与冷冻机油混合在一起而循环流动。因此,要求制冷剂与冷冻机油能够互溶。若二者不能互溶,则冷冻机油会聚集在冷凝器和蒸发器的底部,阻碍了制冷剂流动,降低了换热能力。同时,由于冷冻机油不能随制冷剂返回压缩机,压缩机将会因缺油而加剧磨损。

(4)具有较高的热稳定性,即在高温下不氧化、不分解、不结胶、不积炭。

(5)不易挥发,即在制冷系统中不应有结晶状的石蜡析出,以保持良好的低温流动性。

(6)化学性质要稳定,即与制冷剂和其他材料不发生化学反应。

(7)不含水分。若冷冻机油中水分过多,则会在膨胀阀的节流口处结冰,造成冰堵,影响制冷剂的流动,同时,油中的水分会造成镀铜现象及某些材料的腐蚀。

目前,国产的压缩机冷冻机油有 13、18、25、30 四种牌号。进口压缩机冷冻油中 SUNISO 系列有 3GS、4GS、5GS 等。R134a 空调系统中使用的压缩机润滑油代号有 PAG(聚烯乙二醇)及 ESTER(聚酯类冷冻机油)等。

冷冻机油的使用注意事项如下:

(1)冷冻机油易吸水,用后应马上将盖拧紧。

(2)不能使用变质浑浊的冷冻机油,否则将影响压缩机的正常运转。

(3)不允许向系统添加过量的冷冻机油,否则会影响制冷系统的制冷量。

(4)不同牌号的冷冻机油不能混用,否则会变质。

(5)在排放制冷剂时要缓慢进行,以免冷冻机油和制冷剂一起喷出。

(6)更换制冷系统部件时,应适当补充一定量的冷冻机油。

(7)在加注制冷剂时,应先加注冷冻机油。

3 任务实施

3.1 准备工作

阅读维修手册,制订拆装方案,准备所需仪器、设备和工具(实训车辆、空调实验台 1 台、多功能充注机、常用拆装工具、万用表、空调高低压组合仪表、制冷剂 R134a 等)。

3.2 操作流程

(1)根据膨胀阀式及膨胀管式制冷循环系统组成结构图(图 2-1-18、图 2-1-19),认识各组成部件,分析循环过程,划分高低压区域,并分析制冷剂的形态。

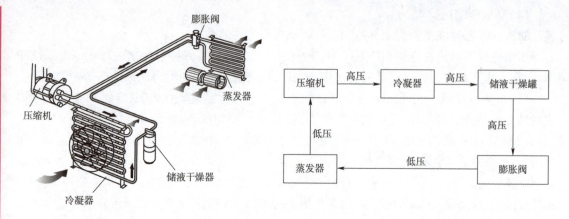

图 2-1-18 膨胀阀式制冷循环示意图

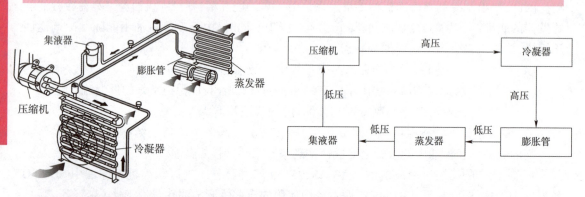

图 2-1-19 膨胀管式制冷循环示意图

(2) 仔细观察空调系统各组成及各零件的结构特点,并将观察结果填入表 2-1-1 中。

空调系统各组成及各零件的结构特点　　　　　表 2-1-1

	部件名称	结构特点	作　用
空调系统的结构	压缩机		
	冷凝器		
	储液干燥器		
	集液器		
	膨胀阀		
	膨胀管		
	蒸发器		
	高、低压安全阀		
	电磁离合器		

3.3 操作提示

(1) 按制冷循环顺序,先在试验台观察制冷部件的结构、位置,然后在实车上观察。

(2) 区分两种不同制冷循环。

复习与思考题

1. 热传递的基本形式有哪些？
2. 物质的沸点与压强有什么关系？
3. 空调制冷系统由哪些部件组成？
4. 试述制冷循环的分类。
5. 试述制冷循环的工作过程。
6. 对制冷剂的性能要求有哪些？
7. 冷冻机油的作用是什么？

任务2　压缩机及电磁离合器的检修

1 任务引入

对于空调压缩机和电磁离合器，使用过程中常见的故障有：电磁离合器打滑、线圈烧坏、压缩机卡死、泄漏、异响等。

2 相关理论知识

压缩机是汽车空调制冷系统的心脏，其作用是吸入来自蒸发器的低温、低压制冷剂蒸气，压缩制冷剂蒸气使其压力和温度升高，并将制冷剂蒸气送往冷凝器。

汽车空调压缩机常见的类型有曲轴连杆式压缩机、斜盘式压缩机、摆盘式压缩机、旋叶式压缩机、滚动活塞式压缩机、涡旋式压缩机等。

2.1　斜盘式压缩机

如图 2-2-1 所示，当主轴旋转时，斜盘也随着旋转，斜盘边缘推动活塞做轴向往复运动。如果斜盘转动一周，前后两个活塞各完成压缩、排气、膨胀、吸气一个循环，相当于两个气缸作用。

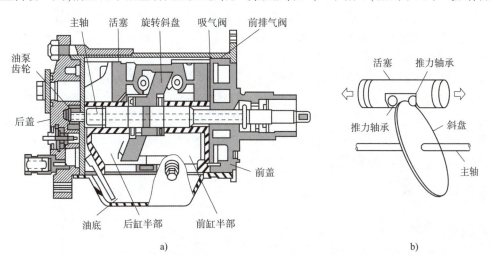

图 2-2-1　斜盘式压缩机

三缸斜盘式的三活塞等间隔120°分布,五缸斜板式的五活塞等间隔72°分布。为了使机器受力合理、结构紧凑,通常将活塞制成双头活塞。如是轴向6缸,3缸在压缩机前部,另外3缸在压缩机后部;如是轴向10缸,5缸在压缩机前部,另外5缸在压缩机后部。双头活塞的两活塞各自在相对的气缸(一前一后)中,活塞一头在前缸中压缩制冷剂蒸气时,活塞的另一头就在后缸中吸入制冷剂蒸气,反向时互相对调。各缸均备有高低压气阀,另有一根高压管,用于连接前后高压腔。斜板与压缩机主轴固定在一起,斜板的边缘装合在活塞中部的槽中,活塞槽与斜板边缘通过钢球轴承支承在一起。

这种压缩机结构紧凑、转动扭矩小、运动平稳性较高,并且效率高、性能可靠,最适合小型高速车辆使用。

2.2 旋叶式压缩机

旋叶式压缩机的气缸形状有两种形状:一种是圆形,另一种是椭圆形,如图2-2-2所示。

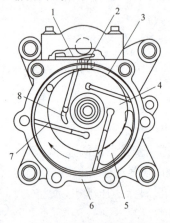 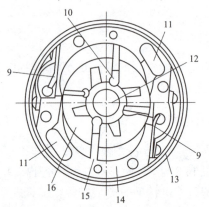

a)四叶片圆形气缸旋叶式压缩机　　　b)四叶片椭圆形气缸旋叶式压缩机

图2-2-2　旋叶式压缩机

1-排气阀;2-排气口;3-转子与气缸接触点;4-转子;5-进气口;6-缸体;7-叶片;8-油孔;9-排气弹簧;10-进油口;11-进气腔;12-主轴;13-机壳;14-缸体;15-叶片;16-转子

在圆形缸旋叶式压缩机中,叶轮是偏心安装的,叶轮外圆紧贴气缸内表面的吸、排气孔之间。而在椭圆形气缸中,转子的主轴和椭圆中心重合,转子上的叶片和它们之间的接触线将气缸分成几个空间。

当主轴带动转子旋转一周时,这些空间的容积发生"扩大-缩小-几乎为零"的循环变化,制冷剂蒸气在这些空间内发生了"吸气-压缩-排气"的循环。压缩后的气体通过排气阀排出。

对于圆形气缸而言,2叶片将空间分成2个空间,主轴旋转一周,即有2次排气过程;4叶片则有4次。叶片越多,压缩机的排气脉冲越小。对于椭圆形气缸,4叶片将气缸分成4个空间,主轴旋转一周,有4次排气过程。

3 任务实施

3.1 准备工作

阅读维修手册,制订拆装方案,准备所需仪器、设备和工具(实训车辆、多功能充注机、常用拆装工具等)。

3.2 操作流程

现以桑塔纳 3000 型轿车的空调系统为例介绍。

3.2.1 压缩机皮带的拆装

如图 2-2-3 所示,用内六角扳手旋松压缩机下方两个连接螺栓(箭头 B 所示),沿顺时针方向旋转皮带张紧调节螺栓(箭头 A 所示)直到皮带放松,用套筒扳手将皮带由带轮上向汽车前进方向脱出。若更换皮带,应拆卸发动机前悬置;若仅拆卸空调压缩机,可不拆卸发动机前悬置。

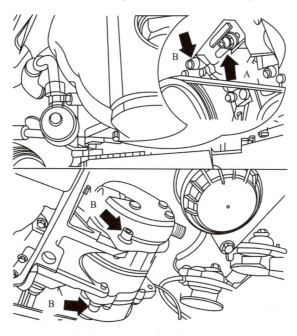

图 2-2-3 拆卸空调压缩机皮带

如图 2-2-4 所示,将皮带套在带轮上,注意运转方向。用套筒扳手沿顺时针方向旋转调节螺栓(箭头所示),直至皮带收紧。用拇指按压皮带中部,变形量为 5~10mm 即可。用扭力扳手将空调压缩机下方两个连接螺栓拧紧。

3.2.2 空调压缩机的拆装与检修

就车拆卸空调压缩机时,应先拆下蓄电池负极,拔下电磁离合器的插头。拆下空调压缩机高低压制冷管及附件(注意:拆卸高低压制冷管时,应先将系统内的制冷剂排放或回收),封闭高低压管口,防止异物进入。松开紧固调节装置,拆下皮带,将车辆举升到适当高度,旋出压缩机紧固螺栓,从压缩机支架上取下压缩机,如图 2-2-5 所示。

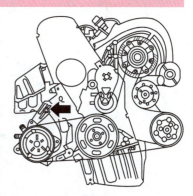

图 2-2-4 安装空调压缩机皮带

将拆下的压缩机放在工作台上,即可进行必要的检测。检测方法如下:

在压缩机的吸、排气检修阀上接上歧管压力表。关闭高、低压手动阀,用手转动压缩机主轴,每秒转 1 圈,共转 10 圈。此时,歧管压力表显示的压力值应大于 0.345MPa。若压力过小,说明压缩机内部漏气,应修理阀片或缸垫。

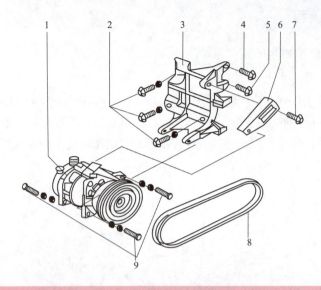

图 2-2-5　就车拆卸空调压缩机

1-空调压缩机；2-六角组合螺栓；3-压缩机支架；4-带肩六角螺栓；5-内六角螺栓；6-皮带张紧支架；7-皮带张紧调节螺栓；8-压缩机皮带；9-内六角组合螺栓

从低压侧注入 0.5kg 的制冷剂，然后用手转动主轴 5 圈。用检漏仪检测油封、端盖、阀口等处有无泄漏。

压缩机的安装步骤与拆装步骤相反，将压缩机安装到支架上，螺栓穿入相应的螺栓孔，并用扭力扳手按规定力矩拧紧。更换高低压管的密封圈，并将高低管安装到压缩机上。安装并调整皮带松紧度。

3.2.3　电磁离合器的拆装与检修

如图 2-2-6 所示，用扭力扳手拆卸压缩机的六角组合螺母，旋出离合器吸盘。

用卡簧钳取出轴承卡环，如图 2-2-7 所示。

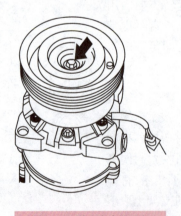

图 2-2-6　旋出离合器吸盘

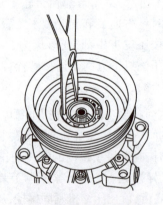

图 2-2-7　取出卡环

将专用工具组合成二爪拉马式，轻轻钩住转子的下沿。注意两侧夹持部位应在同一水平面上，如图 2-2-8 所示。顺时针转动使转子脱出。

用图示卡簧钳将挡圈取出，如图 2-2-9 所示。安装时线圈突缘须与压缩机前盖上的凹槽相配，防止线圈移动，并正确放置导线。

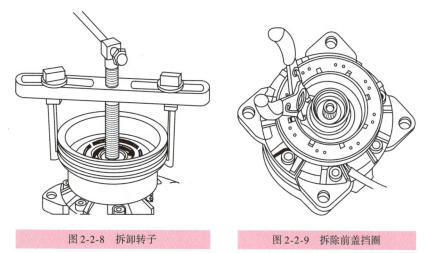

图 2-2-8 拆卸转子　　图 2-2-9 拆除前盖挡圈

电磁离合器的检修时,先目视检查电磁离合器压盘是否变色、剥落或损伤。若有损坏,应更换离合器。

用手转动皮带轮,检查皮带轮轴承的间隙和阻力,如图 2-2-10 所示。若出现噪声或发现间隙过大、阻力过大,则应更换离合器。

如图 2-2-11 所示,用百分表测量皮带轮与压盘之间的间隙。将百分表归零,在给电磁离合器施加电压的同时,测量压盘的位移。若间隙不在规定范围之内(0.35～0.60mm),则需使用调整垫片进行调整。

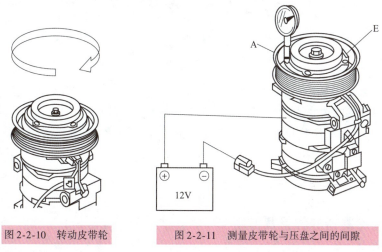

图 2-2-10 转动皮带轮　　图 2-2-11 测量皮带轮与压盘之间的间隙

如图 2-2-12 所示,用万用表测量电磁线圈的阻值。正常电阻值为 4～5Ω。若电阻无穷大,则说明线圈断路,应更换。

3.3 操作提示

(1)在拆卸空调压缩机皮带之前,须做好运转记号。拆卸和安装压缩机支架及所属零部件,不必打开制冷循环。安装皮带时,应注意将皮带上的筋条完全卡进带轮的楔槽内。

(2)拆装压缩机过程中,若需要拆卸电器装置,则应先断开蓄电池的负极。若车辆装备有遥控装置,则在断开蓄电池负极之前应先激活控制器的维修模式。

(3)拆卸电磁离合器时,应使用专用工具,以防止皮带轮、压盘等零件的变形。

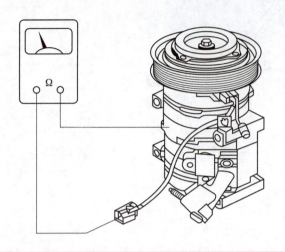

图 2-2-12　测量电磁线圈的阻值

复习与思考题

1. 试述压缩机的作用。
2. 试述斜盘式压缩机的工作原理。

任务 3　冷凝器的检修

1 任务引入

汽车空调系统中的冷凝器大多布置在车头前部、侧面或车底,其表面经常会沾有地面的泥浆。泥浆会降低冷凝器的散热效率,也容易造成冷凝器的散热管损坏。冷凝器的表面脏污、泄漏、散热片损坏等都将影响汽车空调系统的正常工作。因此,必须掌握冷凝器的拆卸、检查及更换作业。

2 相关理论知识

2.1　冷凝器的位置及作用

空调系统的冷凝器一般安装在发动机散热器的前面,其作用是将压缩机排出的高温、高压气态制冷剂冷凝成高温(50~55℃)、高压(1100~1400kPa)的液态制冷剂。

冷凝器的散热面积越大,冷却效果越好。为了保证冷却效果,提高制冷能力,常在冷凝器前装有电控风扇。风扇有高速和低速2个挡位。在安装冷凝器时,应注意从压缩机排出的制冷剂必须由冷凝器的上端入口进入,其出口必须在下方,否则会引起制冷系统压力升高,有可能使冷凝器胀裂。

2.2　冷凝器的分类

冷凝器常见类型有管片式、管带式和平流式,如图 2-3-1 所示。

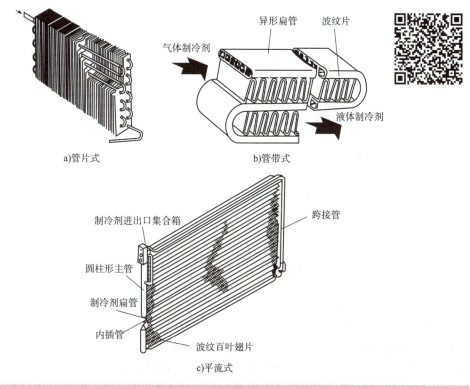

图 2-3-1 冷凝器

2.2.1 管片式

管片式冷凝器是最早采用的一种冷凝器结构,它用胀管法将铝翅片胀紧在圆铜管上,铜管的端部用 U 形弯头焊接起来。此种冷凝器清理焊接氧化比较麻烦,而且散热效率较低。

2.2.2 管带式

管带式冷凝器采用一根扁形管弯成蛇形,管内用隔筋隔成若干孔道,管外用 0.2mm 铝片焊在上下两管外皮处,铝片折成波纹状,以增大散热面积。

2.2.3 平流式

平流式冷凝器由输入端接头进入圆柱形主管中,再分别同时流入多个扁管中,并平行地流至对面的主管,再集中经过跨接管流至冷凝器输出端接头。

3 任务实施

3.1 准备工作

阅读维修手册,制订拆装方案,准备所需仪器、设备和工具(实训车辆、多功能充注机、常用拆装工具等)。

3.2 操作流程

3.2.1 冷凝器的拆装

用回收加注设备将制冷剂抽空,拆下蓄电池负极搭铁线后,拆下电控风扇上的电源插头,然后将散热器的固定螺栓拆下,将散热器移出并妥善放置。

拆下冷凝器上的高压管路,如图2-3-2所示。封闭管口,防止异物进入。

拆下前保险杠托架,旋出冷凝器固定螺栓,拆下导向件,从车身上取出冷凝器,如图2-3-3所示。

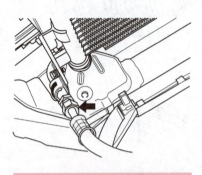 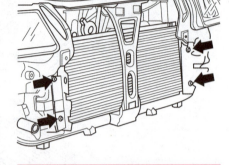

图2-3-2　冷凝器管路拆装　　　　图2-3-3　冷凝器拆装

冷凝器的安装步骤与拆卸时相反。但应注意的是:在连接冷凝器的管接头时,要注意分清制冷剂的进、出口。从压缩机输出的高压气态制冷剂,必须从冷凝器上端进入,再流到下部管道,冷凝成液态的制冷剂再沿下方出口流出,进入储液干燥器。此顺序不能接反,否则会引起制冷系统压力升高。再者,为避免潮湿空气进入制冷系统,在未连接冷凝器管接头之前,不要长时间打开管口的保护管,应尽量缩短制冷系统的开放状态时间。

3.2.2　冷凝器的检修

目视检查冷凝器表面是否有异物、散热片是否有损坏,如表面是否有泥浆、昆虫、树叶等。若有异物,应用软毛刷和清洗。若发现散热片弯曲,可使用旋具或手钳加以矫正。

用检漏仪就车检查冷凝器的泄漏情况。如果是冷凝器的进、出口处出现泄漏,则可能是密封圈老化,需进行更换密封圈;如果是冷凝器本身泄漏,则应拆下冷凝器进行修理。由于冷凝器承受高压、高温,泄漏处不宜自行采用焊接方法修理,通常由专业人员进行修理。

用歧管压力表就车检查冷凝器内部是否脏堵,如果发现压缩机高压过高、不能正常制冷、冷凝器导管外部结霜或下部不烫,则可能是冷凝器导管内部脏堵。可拆下冷凝器后,用压缩氮气吹洗,不能用水或压缩空气吹洗。

3.3　操作提示

(1)在拆卸之前,应将系统内的制冷剂用回收加注设备抽空。在断开蓄电池的负极搭铁线的前提下进行拆装作业,以保证作业的安全性。

(2)安装冷凝器时应注意其上下部位置,冷凝器的上部与发动机舱盖的间隙应大于25mm。

复习与思考题

1. 试述冷凝器的位置与作用。
2. 试述冷凝器的主要类型有哪些。

任务 4　储液干燥器的检修

1 任务引入

制冷系统中,经常会由于各种原因产生杂质、脏物,造成储液干燥器堵塞,致使制冷系统的制冷效果下降。因此,需要对储液干燥器进行检测,必要时需更换。

2 相关理论知识

2.1 储液干燥器的工作原理

储液干燥器简称储液器。其作用是储存制冷剂、吸收制冷剂中的水分及过滤制冷剂中的杂质。

若过多的液态制冷剂储存在冷凝器里,会使冷凝器的传热面积减少,散热效率降低。此外,若制冷剂中的含有杂质和水分,则制冷系统管路会发生脏堵和冰塞现象,系统将不能正常工作。

储液干燥器的结构如图2-4-1所示。制冷剂在储液器中的流动情况如图2-4-1中箭头所示。在储液器上部出口端装有一个玻璃视窗,用于观察制冷剂在工作时的流动状态,由此可判断制冷剂量是否合适。

储液器出口端旁边装有一只安全熔塞,也称易熔螺塞,它是制冷系统的一种安全保护装置。其中心有一轴向通孔,孔内装填有焊锡之类的易熔材料,这些易熔材料的熔点一般为85~95℃。当冷凝器因通风不良或冷气负荷过大而冷却不够时,冷凝器和储液器内的制冷剂温度和压力将会异常升高。当压强达到3MPa左右时,温度超过易熔材料的熔点,此时安全熔塞中心孔内的易熔材料便会熔化,使制冷剂通过安全熔塞的中心孔逸出散发到大气中去,从而可避免系统的其他部件因压力过高而被胀坏。

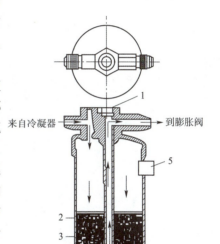

图2-4-1　储液干燥器的结构
1-玻璃视窗;2-过滤器;3-干燥剂;4-引出管;5-组合开关

储液干燥器用于以膨胀阀为节流装置的系统中,安装在冷凝器和膨胀阀之间。当含有蒸气的液态制冷剂进入储液器后,液态和气态的制冷剂分离。液态制冷剂通过膨胀阀进入蒸发箱(吸热箱),多余制冷剂可暂时储存在储液罐中。在制冷负荷变动时,及时补充和调整供给热力膨胀阀液态制冷剂量,保证制冷剂流动的连续和稳定性。同时,由于水分与制冷剂结合会生成酸或结冰,因此储液器中的干燥剂可用来吸收制冷剂中的水分,防止机件腐蚀或冰块堵塞膨胀阀。滤网用于过滤制冷剂中的杂质,防止膨胀阀堵塞。

直立式储液器安装使用前,不得过早将其进出管口的包装打开,以免湿空气侵入储液器和系统内部,使其失去除湿的作用。安装时,先搞清楚储液器的进、出口端。储液器的进、出口端一般都打有记号,如进口端用英文字母"In",出口端用"Out"表示,或直接打上箭头以表示进、出口端。安装角度一定要垂直,倾斜度不得超过15°。

2.2　集液器的功用与结构

集液器用于膨胀管式的制冷系统中,安装在蒸发器出口处的管路中。由于膨胀管无法调节制冷剂的流量,因此蒸发器出来的制冷剂不一定全部是气体,可能有部分液体。为防止压缩机损坏,故在蒸发器出口处安装集液器,一方面将制冷剂进行气液分离,另一方面起到与储液干燥器相同的作用。集液器的结构如图2-4-2所示。

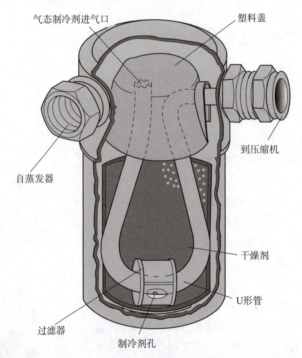

图 2-4-2　集液器

3　任务实施

3.1　准备工作

阅读维修手册,制订拆装方案,准备所需仪器、设备和工具(实训车辆、歧管压力表、多功能充注机、常用拆装工具等)。

3.2　操作流程

储液干燥器常见的故障是滤芯被脏物堵塞或吸水饱和,从而导致制冷剂流通不畅。

(1)储液干燥器的检测。

就车检测储液干燥器的性能时,可用手触摸干燥器进出管路,并观察视窗。如果进口很烫,且出气管接近大气温度,从玻璃视窗中看不到或很少有制冷剂流过,或者制冷剂很浑浊,则可能是储液干燥器中的滤网堵了或干燥剂散了,并堵住了干燥器的出口。

目视检查干燥器各接头处是否有油污,玻璃视窗是否有裂纹。

(2)储液干燥器的拆装。

桑塔纳3000轿车储液干燥器的拆装步骤如下:

将系统内的制冷剂用回收加注设备回收并抽空后,拔下干燥器上的高低压开关连接插头,如图2-4-3所示中箭头A所示。拆下进、出口上的高压管路,并封住管口,如图2-4-3所示中箭头B、C所示。拆下固定螺栓,取下储液干燥器。

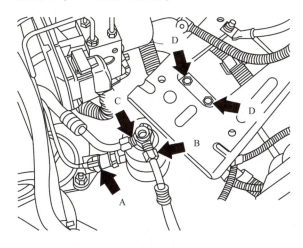

图2-4-3　储液干燥器管路拆卸

3.3　操作提示

(1)干燥器的拆装工具要合适,应保护好进、出口螺纹。对直立式储液干燥器而言,安装时,其垂直倾斜度不得超过15°。在安装新的储液干燥器之前,不得过早地将其进、出管口的包装打开,以免潮湿空气侵入储液干燥器和空调系统内部,使之失去干燥作用。

(2)安装前一定要分清储液干燥器的进、出口端,防止装错。储液干燥器的进、出口端一般都有记号,如进口端用英文"In"表示,出口端用"Out"表示,或直接打上箭头,以箭头方向表示进、出口端。如果进、出端接反,则会造成制冷不足或不制冷现象。

 复习与思考题

1. 试述储液干燥器的作用与工作原理。
2. 试述集液器与储液干燥器的区别。

任务5　膨胀阀的检修

1　任务引入

膨胀阀是空调系统中灵敏度极高的元件,如果膨胀阀出现阻塞或节流作用失效,会造成系统不制冷或制冷不足。因此,需要检测膨胀阀的性能。

2 相关理论知识

2.1 膨胀阀的位置及作用

膨胀阀也称节流阀,是一个感压和感温阀,是汽车空调制冷系统中的一个主要部件。它安装在蒸发器的入口处,其作用是将储液干燥器来的高温、高压液态制冷剂从膨胀阀的小孔喷出,使其降压,体积膨胀,转化为雾状制冷剂,在蒸发器中吸热变为气态制冷剂,同时还可根据制冷负荷的大小调节制冷剂的流量,确保蒸发器出口处的制冷剂全部转化为气体。

2.2 膨胀阀的分类

膨胀阀的结构形式有三种,分别为外平衡热力膨胀阀、内平衡热力膨胀阀、H形膨胀阀和膨胀节流管(孔管)四种结构形式。下面分别予以介绍。

2.2.1 外平衡热力膨胀阀

图2-5-1所示为外平衡热力膨胀阀的结构。膨胀阀的入口接储液干燥器,出口接蒸发器。

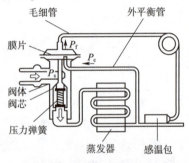

图2-5-1 外平衡式膨胀阀的工作原理

膨胀阀对来自储液干燥器的高压液态制冷剂节流降压,即将液态高压制冷剂从其孔口喷出,急剧膨胀,变成低压雾状体,以便吸热气化。此外,它还调节和控制进入蒸发器中的液态制冷剂量,使之适应制冷负荷的变化,同时防止压缩机发生液击现象和蒸发器出口蒸气异常过热。

外平衡式膨胀阀的工作过程如下:膨胀阀的上部有一个膜片,膜片上方通过一条细管接一个感温包,感温包安装在蒸发器出口的管路上,内部充满制冷剂气体,蒸发器出口处的温度发生变化时,感温包内的气体体积也会发生变化,进而产生压力变化。这个压力变化就作用在膜片的上方。膜片下方的腔室还有一根平衡管通蒸发器出口。阀的中部有一阀门,阀门控制制冷剂的流量,阀门的下方有一调整弹簧,弹簧的弹力试图使阀门关闭,弹簧的弹力通过阀门上方的杆作用在膜片的下方。可以看出,膜片共受到三个力的作用。一个是感温包中制冷剂气体向下的压力,一个是弹簧向上的推力,还有一个是蒸发器出口制冷剂的压力,作用在膜片的下方。阀的开度取决于这三个力综合作用的结果。

当制冷负荷发生变化时,膨胀阀可根据制冷负荷的变化自动调节制冷剂的流量,确保蒸发器出口处的制冷剂全部转化为气体并有一定的过热度。当制冷负荷减小时,蒸发器出口处的温度就会降低,感温包的温度也会降低,其中的制冷剂气体便会收缩,使膨胀阀膜片上方的压力减小,阀门就会在弹簧和膜片下方气体压力的作用下向上移动,减小阀门的开度,从而减小制冷剂的流量。反之,制冷负荷增大时,阀门的开度会增大,增加制冷剂的流量。当制冷负荷与制冷剂的流量相适应时,阀门的开度保持不变,维持一定的制冷强度。

感温包和蒸发器必须紧密接触,不能与大气相通。如果接触不良,感温包就不能正确地感应蒸发器出口的温度。如果密封不严,感应的温度是大气温度。所以,要用一种特殊的空调胶带捆扎,并密封感温包。

2.2.2 内平衡热力膨胀阀

内平衡式膨胀阀的结构与外平衡式膨胀阀的结构大同小异,如图 2-5-2 所示。不同之处在于内平衡式膨胀阀没有平衡管,膜片下方的气体压力直接来自蒸发器的入口。

由于蒸发器内部会产生压力损失,蒸发器出口压力要小于进口压力。要达到同样的阀开度,外平衡式需要的过热度小些,蒸发器容积效率可以提高。

2.2.3 H 形膨胀阀

H 形膨胀阀因其内部通道形同 H 形而得名,如图 2-5-3 所示。它取消了外平衡膨胀阀的外平衡管和感温包,直接与蒸发器进出口相连。它有四个接口通往空调系统。其中,两个接口和普通膨胀阀一样,一个接储液干燥器出口,一个接蒸发器入口;另外两个接口,一个接蒸发器出口,一个接压缩机进口。感温元件处在进入压缩机的制冷剂气流中。H 形膨胀阀具有结构紧凑、使用可靠、维修简单等优点,符合汽车空调的要求。

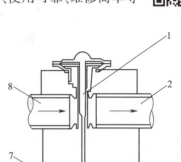

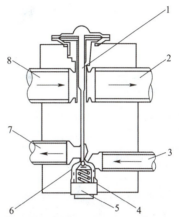

图 2-5-2 内平衡式膨胀阀的工作原理
1-膜片;2-内平衡连杆;3-针阀;4-蒸发器出口;5-阀座;6-阀体;7-通储液罐的进口;8-弹簧;9-热敏管;10-毛细管

图 2-5-3 H 形膨胀阀的结构
1-感温器;2-至压缩机;3-由储液干燥器来;4-压力弹簧;5-阀座;6-针阀;7-去蒸发器;8-由蒸发器来

这种膨胀阀安装在蒸发器的进、出管之间,感应温度不受环境影响,也无须通过毛细管而造成时间滞后,调节灵敏度较高。由无感温包、毛细管和外平衡管,不会因汽车颠簸使充注系统断裂外漏以及感温包包扎松动而影响膨胀阀的正常工作。

2.3 膨胀节流管(孔管)

膨胀节流管直接安装在冷凝器出口和蒸发器进口之间,用于将液态制冷剂节流降压。

膨胀节流管的结构如图 2-5-4 所示。它是一根细铜管,装在一根塑料套管内。在塑料套管外环形槽内,装有密封圈。有的还有两个外环形槽,每槽各装一个密封圈。把塑料套管连同膨胀节流管一起插入蒸发器进口管中,密封圈用于密封塑料套管外径和蒸发器进口管内径间的配合间隙。膨胀节流管两端都装有滤网,以防止系统堵塞。

由于膨胀节流管不能调节流量,液体制冷剂很可能流出蒸发器而进入压缩机,造成压缩机液击。因此,装有膨胀节流管的制冷系统,必须同时在蒸发器出口和压缩机进口之间安装一个集液器,实行气液分离,避免压缩机发生液击。

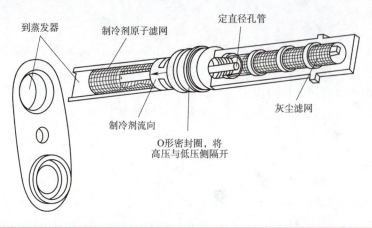

图 2-5-4　膨胀管

由于膨胀节流管没有运动部件,结构简单、可靠性高,同时节省能耗,很多高级轿车都采用这种方式。其缺点是制冷剂流量不能根据工况变化进行调节。

3 任务实施

3.1 准备工作

阅读维修手册,制订拆装方案,准备所需仪器、设备和工具(实训车辆、歧管压力表、多功能充注机、常用拆装工具等)。

3.2 操作流程

膨胀阀常见的故障:膨胀阀感温元件或膜片失效、毛细管安装位置松动移位、堵塞等。

检测膨胀阀的性能有两种方法:一是就车进行检测,二是为避免各种压力保护开关及调节阀对测量工作的影响而将膨胀阀拆下,在台架上检测。

3.2.1　就车检测膨胀阀性能

就车检测膨胀阀性能时,可在发动机散热器前放置一轴流风扇,模拟汽车行驶时的迎面风速,并按以下步骤进行测试:

(1)将歧管压力表与空调系统相连,起动发动机,将转速调至 1000~2000r/min,空调温控器调至最冷(MAX)位置,并运行 10~15min。

(2)读取歧管压力表低压侧压力表的数值,其数值应在正常范围内。

①如果压力数值偏低,则在膨胀阀周围包上约52℃的抹布,继续观察压力读数。此时,若压力表数值能下升至正常值或接近正常值,则说明系统内有水汽,应设法消除。其方法是更换储液干燥器,并用较长时间抽真空,再充注制冷剂,重新测试系统。

②如果低压侧压力未升高,则从蒸发器出口处小心卸下膨胀阀感温包,将感温包握在手中,观察压力表读数。若压力仍偏低,则说明膨胀阀有问题,则应将其卸下,在台架上进行检查。

③如果低压侧压力偏高,则从蒸发器出口处小心卸下膨胀阀感温包,将其放入冰水中,使其降至0℃。若读数降至正常值,则可能是感温包隔热包扎不严或安放位置不对,可重新进行定位并包扎再测定。

若低压表读数仍偏高,则应卸下膨胀阀,在台架上进行检查。

3.2.2 台架测试膨胀阀的性能

在台架上校验膨胀阀的性能时,先检查膨胀阀的过滤网上是否有污物。若有污物,则取下清洗干净。

(1)按图2-5-5所示的连接方式将歧管压力表组件与制冷瓶、膨胀阀连接好,软管与压力表之间接一个带开关的过渡接头。

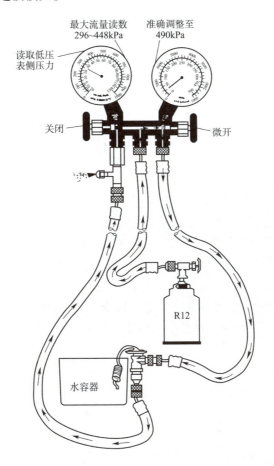

图2-5-5 膨胀阀性能检测

(2)关闭压力表手动阀。

(3)在过渡接头上钻一个小孔,小孔直径为0.23mm,将其开关拧松,以降低通过进气管的压力。

(4)开启高压手动阀,将高压侧压力调整到490kPa左右。

(5)将感温包浸入水中,使冷却液温度变化,在读取低压表读数的同时,测量冷却液温度。

(6)对照图2-5-6,比较测得的温度与压力交点是否落在阴影区。若交点不在阴影区,则应更换膨胀阀。

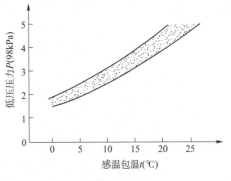

图2-5-6 膨胀阀的特性

3.3　操作提示

(1) 膨胀阀一般应直立安装,安装位置应尽量靠近蒸发器。

(2) 感温包一般应安放在蒸发器水平出口管且没有积液位置的上表面,要包扎牢靠,保证感温包与管子有良好的接触。接触面要清洁并要贴紧,还要用隔热防潮胶带包好。

(3) 每一种膨胀阀只能适用于所指定的制冷剂,不得随意更换。

复习与思考题

1. 试述膨胀阀的作用与分类。
2. 试述膨胀阀的工作原理。
3. 试述膨胀阀与膨胀管的区别。

知识点小结

1. 汽车空调制冷系统检修的基本操作一般包括制冷系统工作压力的检测、制冷系统的检漏、从制冷系统内放出制冷剂、抽真空、加注和补充制冷剂、加注和补充冷冻油等。

2. 汽车空调出现不制冷的故障归为两大类——空调系统硬件故障和电器故障(控制系统)。任何一部分出现故障都会影响空调制冷效果,轻则效果不理想,重则完全不能工作。

3. 汽车空调产生制冷不足的故障现象,大多是制冷系统所引起的。可能原因有:制冷剂过多造成制冷不足;制冷剂过少造成制冷剂不足;制冷剂与冷冻机油内含杂质过多、微堵而引起制冷量不足;空调制冷系统中有水分渗入造成制冷不足;系统中有空气;压缩机驱动带过松的检查;冷凝器散热能力下降,也会导致空调制冷能力下降等。

项目 3 汽车空调采暖与空气通风净化系统检修

概 述

汽车空调系统的作用是为了调节车内空气的温度、湿度,改善车内空气的流动,并且提高空气的清洁度。因此,汽车空调系统主要由制冷系统、采暖系统、分配通风系统、空气净化系统等几个部分组成的。

任务1 汽车空调采暖系统检修

1 任务引入

汽车空调采暖系统能产生热风,调节车厢内的温度。在实际使用过程中,空调采暖系统会出现工作不良现象,要解决这些问题,首先要明确空调采暖系统的组成、各部件位置及作用、工作原理,确保空调采暖系统的正常工作。

2 相关理论知识

现代汽车空调均配置采暖系统,其作用是在寒冷的季节为车内提供暖气。在车内、外因温差较大时车窗容易结霜或起雾,去除车窗玻璃上的霜或雾气。同时,也可与由蒸发器来的冷气相混合,调整车内的温度和湿度,满足乘员的舒适要求。

汽车的暖风系统可以将车内的空气或从车外吸入车内的空气加热,提高车内的温度。

汽车的暖风系统有许多类型。按热源的不同可分为:热水取暖系统、燃气取暖系统、废气取暖系统等。目前,小型汽车上主要采用热水取暖系统,大型汽车上主要采用燃气取暖系统。

2.1 热水取暖系统

2.1.1 热水取暖系统的工作原理

热水取暖系统的热源通常采用发动机的冷却水,使冷却水流过一个加热器芯,再使用鼓风机将冷空气吹过加热器芯加热空气,使车内的温度升高,如图3-1-1所示。

2.1.2 热水取暖系统的组成和部件的安装位置

热水取暖系统主要由加热器芯、水阀、鼓风机、控制面板等组成,各部件在车上安装位置如图3-1-2所示。

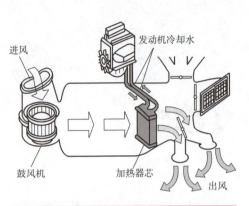
图 3-1-1　热水取暖系统的工作原理

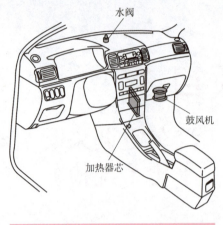
图 3-1-2　热水取暖系统部件的安装位置

(1)加热器芯：图 3-1-3 所示为加热器芯的结构。它由水管和散热器片组成,发动机的冷却水进入加热器芯的水管,通过散热器片散热后,再返回发动机的冷却系统。

(2)水阀：图 3-1-4 所示为水阀的结构。它用于控制进入加热器芯的水量,进而调节暖风系统的加热量。调节时,可通过控制面板上的调节杆或旋钮进行控制。

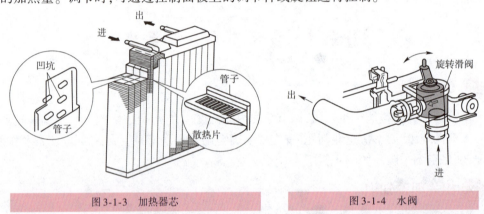

图 3-1-3　加热器芯　　　　图 3-1-4　水阀

(3)鼓风机：图 3-1-5 所示为鼓风机的结构。它主要由可调节速度的直流电动机和鼠笼式风扇组成。其作用是将空气吹过加热器芯加热后送入车内。调节电动机的速度,可以调节对车厢内的配气量。

2.1.3　热水取暖系统调节温度的方式

(1)空气混合型：此类型暖风系统在暖风的气道中安装空气混合调节风门,风门可以控制通过加热器芯的空气和不通过加热器芯的空气的比例,以此实现温度的调节,如图 3-1-6 所示。

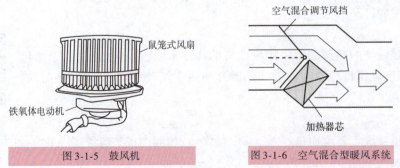

图 3-1-5　鼓风机　　　　图 3-1-6　空气混合型暖风系统

(2)水流调节型:利用水阀调节水流经加热器芯的热水量,改变加热器芯本身的温度,进而调节温度,如图 3-1-7 所示。

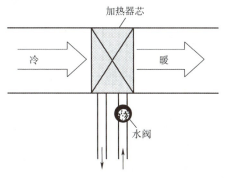

图 3-1-7 水流调节型暖风系统

2.2 燃气取暖系统

在大、中型客车以及自行式房车上,仅靠发动机冷却水的余热取暖远远满足不了要求,为此在大客车或房车中常采用燃气取暖系统。图 3-1-8 所示为燃气取暖系统的示意图。燃油和空气在燃烧室中混合燃烧,加热发动机的冷却液,加热后的水进入加热器芯处散热,降温后返回发动机再进行循环。

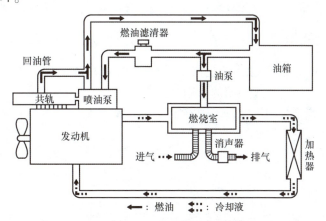

图 3-1-8 燃气取暖系统示意图

3 任务实施

3.1 准备工作

阅读维修手册,制订拆装方案,准备所需仪器、设备和工具(实训车辆、宝来空调试验台架、风速检测仪等)。

3.2 操作流程

通过对鼓风机工作性能进行检查,判断不出暖风是否是由鼓风机故障引起的。
(1)打开点火开关,开启鼓风机。
(2)将出风模式选为中央出风口。

(3) 依次测得鼓风机低速、中速、高速三挡风速。
(4) 关闭鼓风机，关闭点火开关。
(5) 判断鼓风机工作是否正常。

3.3 操作提示

注意风速仪的使用，内部箭头要与风速方向一致。

复习与思考题

1. 试述汽车空调暖风系统的分类。
2. 试述汽车空调热水取暖系统的组成与工作原理。
3. 鼓风机是如何实现转速调节的？

任务2　空调空气净化系统检修

1 任务引入

打开鼓风机，调节鼓风机转速，各出风口风速有正常的转速变化，但开到最大，风速依然很低。经检查电路无故障、风道也无异物堵塞，请找出还有可能是什么原因造成的。

2 相关理论知识

空气净化系统的作用是除去车内空气中的灰尘，保持车内空气的清洁。部分车辆的空气净化系统还具有去除异味、杀灭细菌的作用。

净化方式：在空调系统的进气系统中安装空气滤清器，如图3-2-1所示。

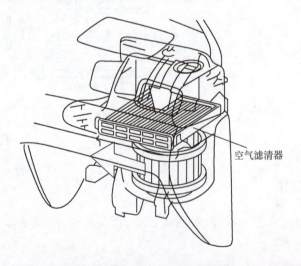

图3-2-1　空调进气系统中的空调滤清器

部分高级轿车还具备去除异味、杀灭细菌的作用。一些还装备了负氧离子发生器。有些在滤清器中加入活性炭，可吸收空气中的异味。还有些设有香烟传感器。还有杀菌灯和离子发生器，使车内的空气更加清新，如图3-2-2所示。

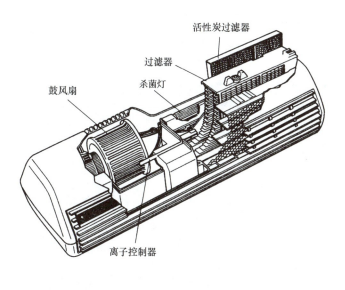
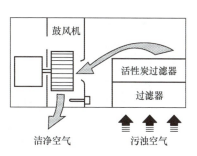

图 3-2-2 空气净化装置

3 任务实施

3.1 准备工作

阅读维修手册,制订拆装方案,准备所需仪器、设备和工具(实训车辆、宝来空调试验台架、空调滤清器等)。

3.2 操作流程

打开鼓风机,调节鼓风机转速,各出风口风速有正常的转速变化。但开到最大,风速依然很低。大多数情况下是由于空调滤清器脏了引起的,需要更换新的空调滤清器。

(1)大部分汽车的空调滤清器位于前排乘客侧手套箱后面。拆除手套箱两侧的阻尼器,便能把手套箱取出。

(2)取出手套箱后,会看到空调的鼓风机以及空调滤清器。松开空调滤清器盖板右侧的卡扣,取出旧的空调滤清器,如图3-2-3所示。

(3)安装新的空调滤清器,如图3-2-4所示。

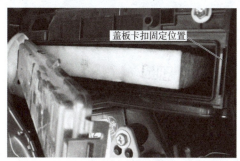

图 3-2-3 松开空调滤清器盖板右侧的卡扣就能看到空调滤清器

图 3-2-4 安装新的空调滤清器

(4)盖上空调滤清器盖板,把右侧的卡扣扣好,如图3-2-5所示。

(5)把手套箱放到原来的位置,并把左右两侧的阻尼器扣到手套箱相应的位置,如图3-2-6所示。

重新盖上空调滤清器盖板,注意右侧卡扣要扣好

图3-2-5 重新盖上空调滤清器盖板

最后把手套箱放到原来的位置,并重新套好两侧阻尼器

图3-2-6 把手套箱放到原来的位置

3.3 操作提示

安装新的空调滤清器时要注意滤清器上面的箭头要向上,这样才能获得更好的微尘过滤效果。

复习与思考题

1. 试述汽车空调空气净化系统的作用。
2. 试述汽车空调空气净化系统的工作原理。

任务3 汽车空调配气系统检修

1 任务引入

为车厢提供清洁的空气是空调的重要内容之一,当空调的配气装置出现故障后,容易造成出风口无风或风量过小。此时,虽然制冷、采暖系统的工作正常,也不能保证车厢内有适宜的空气。造成上述故障的原因有通风脱落、错位、拉索损坏或位置不正确。要解决这些问题,就要明确配气装置的组成、各部件位置及作用、工作原理,确保空调系统的正常工作。

2 相关理论知识

目前汽车空调的配气系统一般由三部分组成,如图3-3-1所示。第一部分是空气进口段,主要由鼓风机和用来控制新鲜空气和室内循环空气的风门及伺服电动机构成;第二部分是空气混合段,主要由加热器和蒸发器构成,用来提供所需温度的空气;第三部分的空气分配段,使空气吹向面部、脚部和风窗玻璃等。

空调配气系统的工作过程:新鲜空气+车内循环空气→鼓风机→蒸发器冷却→由空气混合风门调节进入加热器的空气量→空气混合室→各风门。

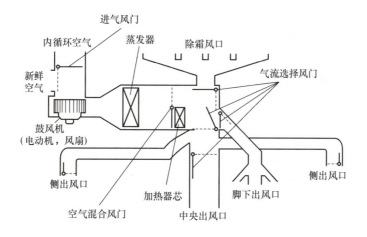

图 3-3-1　空调调节系统的调节风门

空气进口段的风门主要控制新鲜空气和车内循环空气的比例,如图 3-3-2 所示。若进入车内的空气选择外部新鲜空气称为外循环,选择车内空气则称为内循环。夏天车外气温较高、冬天车外气温较低时,尽量多用内循环,使压缩机运行时间减少。汽车长期运行时,车内空气品质下降,此时应定期开大风门,多采用外循环。

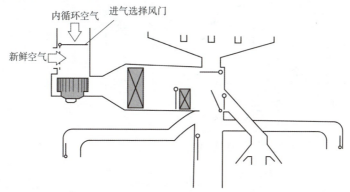

图 3-3-2　空气进气选择风门

目前,轿车上用空调系统基本上是冷气和暖风采用一个鼓风机,温度调节采用冷暖风混合的方式,在空气的进气道中,所有的空气都通过蒸发器,用一个调节风门控制通过加热器芯的空气量。通过加热器芯的空气和未通过加热器的空气混合后形成不同温度的空气从出风口吹出,实现温度调节。加热器旁的空气混合风门主要用来调节通过加热器的空气量,从而确定向车内吹出的空气温度。当通向加热器的通路被关闭时,获得最大的冷却空气,如图 3-3-3 所示;当加热器旁通路关闭时,获得最暖的空气,如图 3-3-4 所示;当空气混合风门处于中间位置时,冷风与暖风混合,得到中间温度的空气,如图 3-3-5 所示。

汽车空调配气口在车上的布置如图 3-3-6 所示。各通风孔风挡打开的情况,即决定了经过调节后的空气分配到车内的情况。

当侧向通风孔风挡、中央及后通风孔风挡打开时,系统向中央、侧向及后通风孔吹出空调风;当脚风挡打开时,则系统向前、后底脚出气口吹出空调风;当除霜风挡打开时,则向风窗玻璃吹出空调风。但这些风挡不是孤立工作的,如中央通风孔、后通风孔、侧向通风孔风挡位置都是联动的,如图 3-3-7~图 3-3-10 所示。

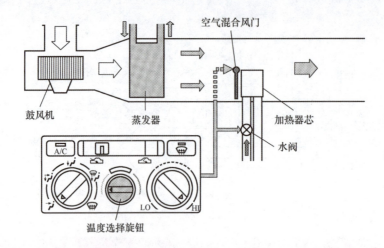

图 3-3-3 温度调节风门在冷的位置

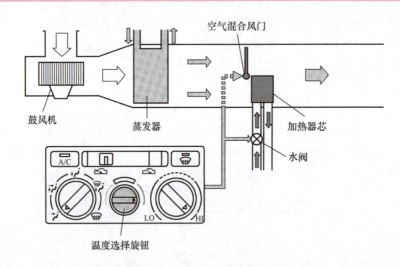

图 3-3-4 温度调节风门在热的位置

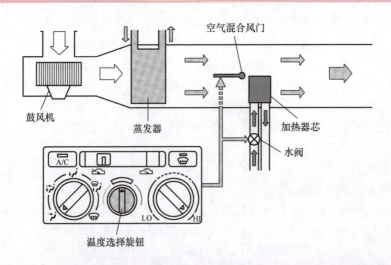

图 3-3-5 温度调节风门在中间的位置

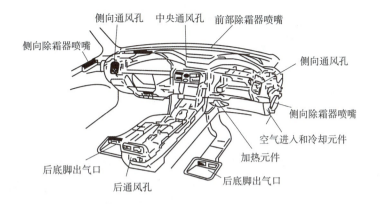

图 3-3-6 汽车空调配气口在车上的一般位置

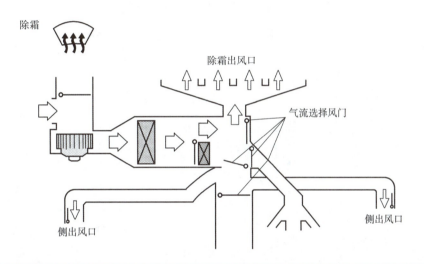

图 3-3-7 除霜位置

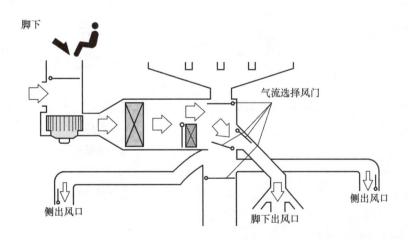

图 3-3-8 脚下出风位置

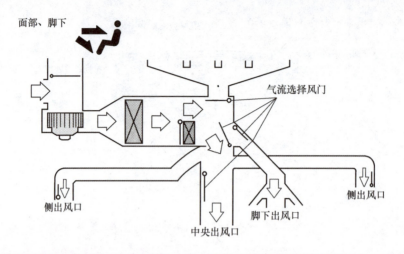

图 3-3-9　面部和脚下出风位置

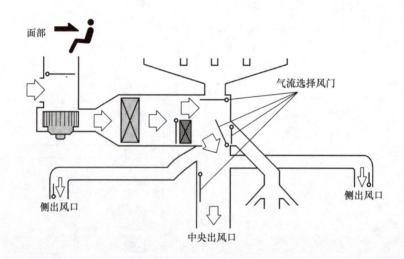

图 3-3-10　面部出风位置

3 任务实施

3.1 准备工作

阅读维修手册,制订拆装方案,准备所需仪器、设备和工具(实训车辆、宝来空调试验台架、风速检测仪等)。

3.2 操作流程

通过对出风模式工作性能进行检查,初步判断配气系统故障部位。
(1)打开点火开关,开启鼓风机,将鼓风机开到最大风量。
(2)选择中央出风,测得风速。
(3)选择脚下出风,测得风速。

(4)选择风窗除霜,测得风速。
(5)选择外循环,测得风速。
(6)选择内循环,测得风速。
(7)关闭鼓风机,关闭点火开关。
(8)判断空调通风系统工作是否正常。

3.3　操作提示

注意风速仪的使用,内部箭头要与风速方向一致。拓展:

(1)动压通风:利用汽车在行驶时各个部位所产生的不同压力进行通风。

汽车行驶时的压力分布如图3-3-11所示。在考虑通风时,只要将进风口设在正压区,排风口设在负压区即可。此种方式不需要另加动力,比较经济。但汽车在行驶速度较低时,通风的效果较差。

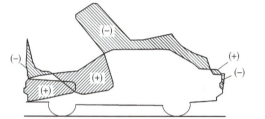
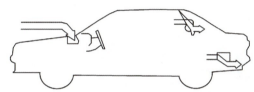

图3-3-11　动压通风
(+)-正压;(-)-负压

(2)强制通风:利用鼓风机进行通风。在进风口安装在台鼓风机将车外的空气吸入车内,车内的空气从排风口排出,如图3-3-12所示。

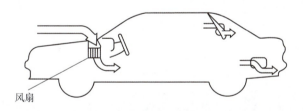

风扇

图3-3-12　强制通风

此种方式不受车速的限制,通风效果好。

如果将两种通风方式组合起来,就形成了综合通风方式。汽车低速行驶时采用强制通风,高速行驶时采用动压通风方式。这样就保证了汽车在各种工况下均能保持良好的通风效果,同时也降低了能耗。

 复习与思考题

1.试述汽车空调配气系统的组成。
2.试述汽车动压通风的工作原理。

 知识点小结

1. 汽车空调采暖系统按所使用的的热源不同可分为热水取暖系统、燃气取暖系统、废气取暖系统等；根据空气循环方式不同可分为内循环式、外循环式、内外混合式。

2. 汽车空调送风系统的形式很多，目前最常用的送风形式是空气混合式。

3. 风窗玻璃前面的进风口应保持畅通，避免被树叶或其他物品遮盖，以便取暖和通风时，空调系统能正常工作。

4. 为避免有害气体进入车内，空调系统不工作时，气流分布控制开关应向中间靠找，出风口应关闭。

项目 4 汽车空调控制系统检修

概述

为了保证车内乘客的舒适性,维持车内所要求的温度、空气的洁净度,充分发挥空调装置的功能,必须对汽车空调系统的工作状态进行必要的控制。控制内容包括压缩机电磁离合器控制、压缩机功率控制、温度控制、压力控制、蒸发器控制以及在恶劣条件下的系统保护等。

本项目将对汽车空调系统常用的电器控制部件、电控气动的汽车空调系统、全自动的汽车空调系统以及微机控制的汽车空调系统作较为详细的阐述。

任务1 汽车空调压缩机控制系统检修

1 任务引入

空调压缩机通过发动机皮带带动旋转,当发动机运转时,汽车空调压缩机并不工作,只有当开启空调制冷时,压缩机才开始工作,如何控制压缩机的工作呢?

2 相关理论知识

2.1 压缩机的控制形式

(1)通过控制压缩机电磁离合器的接合与分离,实现发动机与压缩机的动力传递。

(2)通过蒸发器表面温度或蒸发器出口压力及车内温度,实现电磁离合器或功率电磁阀的工作状态。

(3)通过压力开关检查制冷系统最高、最低压力,控制压缩机电磁离合器的接合与分离,实现对于压缩机及制冷循环管路的保护。

(4)通过压缩机功率电磁阀控制压缩机的排气量,实现空调功率控制。

2.2 压缩机控制

2.2.1 电磁离合器控制

空调压缩机安装于发动机的一侧,通过皮带与发动机曲轴相连,但空调压缩机的主轴不直接与发动机曲轴相连,而是通过电磁离合器连接。电磁离合器安装在空调压缩机的前端,为空调压缩机总成的一部分,电磁离合器是发动机和空调压缩机之间的一个动力传递机构,其作用是接通和切断发动机与压缩机的动力传递路线。

电磁离合器的工作受空调开关、车内外温度、发动机负荷、蒸发器表面温度、空调ECU、空调压力开关等信息的控制。空调制冷系统工作时，发动机主轴运转，制冷系统停止运行时，切断发动机到压缩机主轴的动力传递。

其结构如图4-1-1所示，主要由带有弹簧片的压盘、皮带轮、电磁线圈等组成，压盘与压缩机主轴相连，皮带轮通过轴承安装在压缩机的壳体上，皮带轮通过皮带由发动机驱动，电磁线圈也安装在压缩机的壳体上。在不通电状态下，皮带轮与装有弹簧片的压盘之间存在一间隙"A"，不开启空调制冷时，由于间隙"A"的存在，发动机只能驱动皮带轮运转，而不能驱动压缩机主轴旋转，所以压缩机不工作。当空调开关接通时，电磁离合器的电磁线圈通电产生电磁吸力，带弹簧片的压板在电磁吸力作用下，克服弹簧片的弹力压向皮带轮。这时间隙"A"就不存在了，使压缩机的压力板与皮带轮结合在一起，利用摩擦力将发动机的动力从皮带轮传递到压力板，从而带动压缩主轴旋转。另外，当压缩机过载时，允许压板与皮带轮存在一定的滑转，起到一定的保护作用。当切断空调开关时，电磁线圈断电，磁力消失，压力板与皮带轮分离。此时皮带轮通过轴承在压缩机壳体上空转，压缩机停止工作。

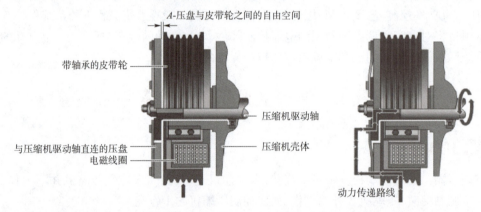

图4-1-1　电磁离合器结构

2.2.2　外部调节式压缩机控制

现较多的汽车采用自动空调，而自动空调又多采用外部调节式压缩机以适应制冷功率需求，同时提高了燃油经济性。空调控制单元根据车外温度、车内温度以及蒸发器温度和日照强度等信号，通过脉冲宽度调制控制压缩机内的调节阀，其安装位置如图4-1-2所示。

图4-1-2　压缩机排气量调节阀

通过改变压缩机曲柄箱内的压力比例来改变斜盘的倾斜角度，来改变压缩机的排量和制冷功率。此类压缩机又称之为可变排量压缩机。

如图4-1-3所示，调节电磁阀由电磁组件和机械组件构成。机械组件内装有带弹簧的密封压力敏感元件，它能够根据压缩机吸入口的压力条件对低压侧的调节进行影响，电磁组件是一个针阀，它受空调控制单元控制，可实现曲轴箱压力和高压之间的接通和切断。

电控可变排量压缩机在无电流的状态下如图4-1-4所示，调节针阀阀门开启，压缩机的高压腔（压缩机出口）和压缩机曲轴箱相通，高压腔的压力和压缩机曲轴箱的压力达到平衡。开启空调,热负荷较高时,空调控制单元通过蒸发器温度传感器识别到温度较高,并相应地控制电磁阀。阀体向左移动,阀门关闭。压缩机吸入口压力较高,在压力作用下,带弹簧的压力敏感元件收缩,调节阀的阀体向左移动,从而关闭阀门。压缩机曲轴箱斜盘腔内的压力下降到接近吸入口的压力值,小于作用在活塞右侧的压力。因此,下部活塞向左移动,从而提高斜盘的倾斜角度。其结果是活塞行程提高,压缩机以最高100%的功率一起运行。

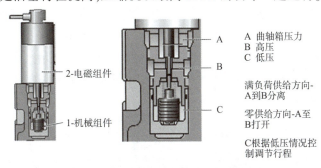

图4-1-3　压缩机排气量控制阀结构

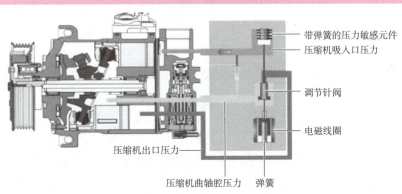

图4-1-4　压缩机高功率运行原理图

当所需的制冷量较低时,如图4-1-5所示,压缩机吸入口的压力减小,带弹簧的压力敏感元件伸长,阀门开启,压缩机曲轴箱的斜盘腔和压缩机出口的高压腔之间的通道被打开,作用在压缩机的曲轴箱斜盘腔的压力升高。斜盘腔内压力+弹簧A的作用力大于作用在七个活塞右侧的压力,下部活塞向右移动,从而减小斜盘的倾斜角度。斜盘的倾斜角度减小直至排量低于2%。活塞行程减小,压缩机以最小行程运行。

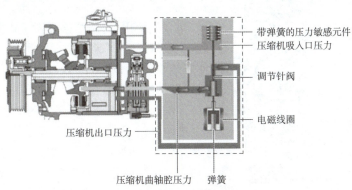

图4-1-5　压缩机低功率运行原理图

斜盘腔左侧的弹簧使活塞向右移动,并减小斜盘角度。因此,这个弹簧还具有启动弹簧的功能。在开启空调时,以约5%的最小排量开始启动,可以减小因开启空调而造成发运机的负荷的突然增加,影响驾驶的舒适性。

通常,这种压缩机与无电磁离合器的、装有橡胶成形元件带过载保护的皮带轮相配合使用。理论上来讲,可以实现0~100%的功率调节。但是为了保证压缩机的润滑,即使空调系统已关闭,多楔带也会带动压缩机继续转动。通过电磁阀的控制可以在最小0~2%至最大100%之间调节压缩机功率和输送能力。

装有橡胶成形元件带过载保护的皮带轮的结构如图4-1-6所示。压缩机正常工作时,利用橡胶成形元件将与压缩机主轴相连接的驱动盘和皮带轮连接并传动动力。皮带轮和驱动盘以相同的传动比一起转动。

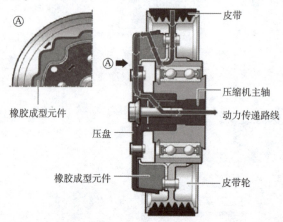

图4-1-6　带橡胶成形元件的皮带轮

当压缩机出现机械损坏时或因制冷剂不足而造成润滑不充分时,可能会导致压缩机主轴卡死。其结果是造成皮带传动机构和发动机损坏。为防止出现这样的问题,当过载情况发生时,橡胶成型元件上的成型部分被剪断,如图4-1-7所示,皮带轮与驱动盘之间的连接断开。皮带轮在不受阻碍的情况下连续转动,可防止发动机皮带和发动机和损坏。

为进一步提高燃油经济性,在大众、宝马等部分车型上采用的外部调节式压缩机仍然保留了电磁离合器,可以实现压缩机的完全切断。

2.2.3　压力开关控制

汽车空调使用中,制冷循环系统中若出现压力过低时,制冷剂量过少,将造成润滑油不能随制冷剂一起循环,使压缩机缺油而损坏。若由于制冷剂量加注量过大,或冷凝器冷却不良造成系统压力过高时,有可能造成系统部件损坏。所以必须对系统压力进行监测,防止出现上述两种情况。压力开关安装在汽车空调制冷剂循环管路中,检测制冷循环系统的压力,当压力异常时启动相应的保护电路。如果系统压力低于规定值,低压开关将切断压缩机的电路,使压缩机停止工作。如果系统压力高于规定值,有两种处理方法:一种是加强冷凝

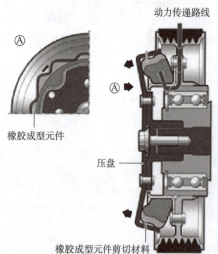

图4-1-7　带橡胶成形元件的过载保护

器的冷却强度,使压力降低;另一种是切断压缩机电磁离合器的电路,使压缩机停止运转。常见的压力开关主要有高压开关、低压开关、双重压力开关和三重压力开关等。

1) 高压开关控制

汽车空调在使用中,当出现散热片堵塞、冷却风扇不转等散热不良现象或制冷剂充注过量等不正常状况时,系统压力会过高。若不加控制,过高的压力会损坏系统制冷元件,通过高压开关来监控制冷系统侧压力。

高压开关安装在高压管路或储液干燥器上,串联在压缩机电磁离合器电路或冷凝器风扇电路中,用来防止制冷系统在异常的高压下工作,保护冷凝器及高压管路不会爆裂、压缩机不损坏。一般来说,当制冷系统压力超过 3.0MPa 时,高压开关会有两种保护方式:一是切断压缩机电磁离合器电路停止压缩机工作,防止压力继续上升;二是接通冷凝器风扇高速挡电路,自动提高冷凝风扇转速,以便较快地降低冷凝器的温度和压力。

高压开关的压力控制范围为:2.82~3.10MPa 时断开,1.03~1.73MPa 时接通。

触点型高压开关有常闭型和常开型两种类型。常开型高压开关一般串联在冷凝器风扇电路中,用于控制冷凝风扇高速挡;常闭型高压开关一般串联在压缩机电磁离合器电路中。

其结构如图 4-1-8 所示。常开型压力开关膜片上方通高压侧制冷剂,下方安装一个复位弹簧。正常情况下,制冷剂压力低于弹簧压力,触点断开,冷凝器风扇低速运转;当制冷剂压力异常升高时,制冷剂压力大于弹簧压力,触点闭合,接通冷凝器风扇高速挡电路,风扇高速运转,加强冷却。常闭型压力开关与常开型压力开关结构基本相同。当制冷系统压力异常升时,制冷剂压力大于弹簧压力,触点断开,压缩机停止运转,防止压力继续增高,损坏空调系统。当制冷剂压力下降到正常值时,触点闭合压缩机恢复运转。

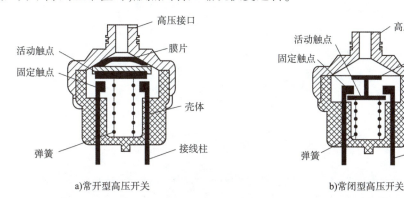

图 4-1-8　高压开关

2) 低压开关控制

低压开关同样安装于空调系统的高压侧中,用于检测高压侧的最低压力值。当制冷系统的制冷剂不足或泄漏时,溶解在制冷剂中的冷冻润滑油也随之减少。当运行空调制冷系统时,会造成空调系统润滑不良。如果压缩机在缺油状态下运行,将导致严重损坏,故需要通过低压开关监控制冷系统高压侧的最低保护压力。

低压开关通常用螺纹接头直接装配串联在高压管路的电磁离合器电路中。其结构与常开型高压开关相似,当制冷剂压力正常时,动触点接通压缩机电磁离合器电路;当压缩机排出的制冷剂压力过低时,低压开关断开,切断电磁离合器电路,压缩机停止运行,防止损坏压缩机。

此外,当环境温度过低时,制冷剂的温度和压力也随之降低。例如,当环境温度低于10℃时,制冷剂压力为0.423MPa。此时低压开关断开,压缩机停止运转,从而减少动力消耗,达到节能的目的。

3) 双重压力开关控制

为使结构紧凑减少接口,新型的空调制冷系统是把高、低压开关组合成一体,成为双重压力开关,一般安装在储液干燥器或高压侧金属管路上面,这样就减少了压力开关的数量和接口,从而减少了制冷剂泄漏的可能性。

当高、低压力开关用于保护作用时,通常将高、低压力开关做成一体安装在储液干燥器上,如图4-1-9所示。复合压力开关由金属膜片、弹簧及触点等组成。

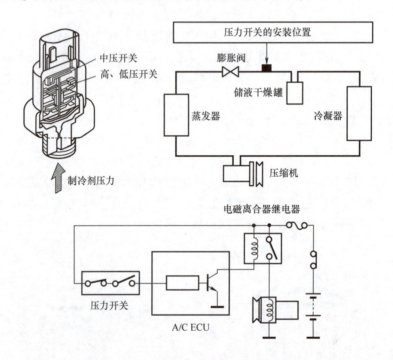

图4-1-9 双重压力开关控制电路

(1) 低压保护:当制冷剂压力低于限值(196kPa)时,由于弹簧的压力大于制冷剂压力,触点断开电流中断,压缩机停止工作。

(2) 正常工作:当制冷系统压力为正常值时(0.2~3MPa),制冷剂压力超过弹簧力,弹簧受压缩,而金属膜片不变形,动触点向箭头方向移动,触点接通,压缩机正常工作。冷凝器风扇也低速运转,实现低噪声、节省动力。

(3) 高压保护:当制冷剂压力高于高限值(3.14MPa)时,制冷剂压力不仅高于弹簧压力,而且高于金属膜片的弹力。此时,金属膜片由拱形变平,并使得高压触点断开,电路断开,压缩机停止工作。此时,冷凝器风扇高速运转,以改善冷凝器的散热条件,实现了风扇的二级变速。

4) 三重压力开关控制

三重压力开关由双重压力开关(高压开关、低压开关)和中压开关组成,结构更加紧凑。三重压力开关安装在高压管路中,如图4-1-10所示。当压力过高或过低时,双重压力开关控制压缩机停止运转;当制冷剂压力达到某一中间值时,中压开关控制接通冷凝器风扇高速挡电路。

2.2.4 蒸发器温度控制

1)蒸发器表面温度控制作用

蒸发器表面温度控制的作用是通过检测其表面温度来控制压缩机电磁离合器的通断或变排量压缩机的输出功率,防止表面因温度过低而结霜。常用的有波纹管式温度控制器和热敏电阻式温度控制器。

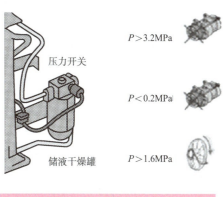

图4-1-10 三重压力开关

波纹管式温度控制器为机械式温度控制器,主要应用于早期的手动空调系统,工作原理是将其串入压缩机电磁离合器控制电路中。当蒸发器表面温度接近于0℃时,切断电磁离合器电路,停止压缩机工作。波纹管式温度控制器结构如图4-1-11所示,主要由波纹管箱、毛细管、感温头组成。毛细管及感温头插入蒸发器表面的翅片中,检测蒸发器出风口方向的表面温度。当蒸发器表面温度变化时,毛细管中的感温介质的温度与压力也会发生变化,与毛细管另一端连接的波纹箱中的波纹管会由于毛细管中感温介质温度和压力的变化,使其伸长或收缩,通过其伸长或收缩控制触点的断开或闭合。

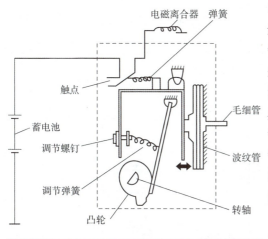

图4-1-11 波纹管式蒸发器温度控制器

波纹管式温度控制器的工作原理是:当蒸发器表面温度高于设定值时,波纹管伸长,触点闭合,接通压缩机电路,空调制冷系统工作,蒸发器表面温度下降;当蒸发器表面温度低于设定温度时,波纹管收缩,触点断开,压缩机停止工作,蒸发器表面温度上升,直到触点开关再次闭合,压缩机再工作。此过程周而复始的循环,蒸发器表面温度就会维持在设定温度附近,此设定温度为2~3℃。这样就可以防止蒸发器表面结霜。

热敏电阻式蒸发器表面温度传感器常采用 NTC 电阻,即负温度系数电阻,一般应用于装有冷暖空调控制单元的车辆中。该传感器由冷暖空调控制单元供给5V电压。冷暖空调控制单元中的微处理器对蒸发器温度传感器的对数特性线进行线性处理。然后,将在规定的顶点之间通过内插法确定实际温度。其电阻值与温度的变化关系如图4-1-12所示。

2)蒸发压力调节器控制

根据制冷剂的特性,只要蒸发器出口的压力高于某一数值(对于R134a为0.18MPa),蒸发器的温度就不会低于0℃。因而,只要将蒸发器出口处制冷剂的压力控制在一定的数值,就可以防止蒸发器表面结霜或结冰。蒸发压力调节器可根据制冷负荷的大小调节蒸发器出口处的压力,确保蒸发器出口的压力使制冷剂不低于0℃。

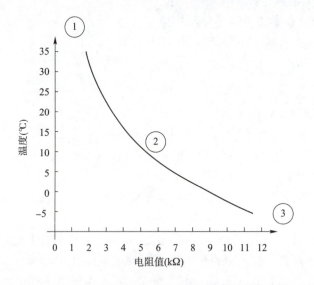

图 4-1-12　负温度系数电阻温度值变化关系

该调节器安装于蒸发器出口至压缩机入口的管路中,如图 4-1-13 所示。主要由金属波纹管、活塞、弹簧等组成,在管路中形成可调节制冷剂流量的阀门。

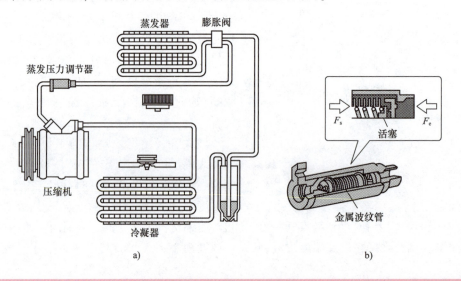

图 4-1-13　蒸发压力调节器

控制过程：当制冷负荷减小时,蒸发器出口处制冷剂的压力就会降低,作用在活塞上向左的压力 P_e 减小,小于金属波纹管内弹簧向右的压力 P_s,使活塞向右移动,阀门开度减小,制冷剂的流量也随之减小,并使蒸发器出口处的压力升高。反之,在制冷负荷增大时,活塞可向左移动,阀门开度增大,增加制冷剂的流量,适应制冷负荷增大的需要。

2.3　压缩机辅助控制

2.3.1　发动机的怠速提升控制

发动机在怠速工况下运转时,若怠速低,则压缩机的转速也低,会造成系统的制冷量不足；

特别是小排量发动机,怠速时发动机功率较小,不足以带动压缩机运转而增加的负荷。同时,由于冷却风压和风量均不充足,使得发动机和冷凝器散热受到影响。冷凝器温度和冷凝压力异常升高后,压缩机功耗增大,如此增加了发动机在怠速时的负荷,导致工作不稳定,甚至熄火;还会引起电磁离合器打滑或传动皮带损坏。因此,在非独立式空调系统中均设置有怠速提升装置,如图 4-1-14 所示。

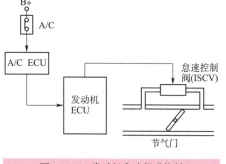

当接通空调制冷开关(A/C)后,发动机的控制单元(ECU)便可接收到空调开启的信号,控制单元便控制怠速控制阀将怠速旁通气道的通路增大,使进气量

图 4-1-14　发动机怠速提升控制

增加,提高怠速。对于节气门直动式怠速控制机构,则直接通过控制装置加大发动机节气门开度提高怠速。现代电控车辆多采用由发动机电脑直接控制节气门电动机来提高怠速。

2.3.2　皮带保护控制

当助力转向泵、发电动机等附件与空调压缩机共用同一条皮带驱动时,如果压缩机出现故障而锁死,传动皮带将被损坏。为防止这种情况的发生,有些空调系统的控制电路设置了皮带保护控制装置。空调 ECU 同时接收发动机的转速信号和压缩机的转速信号,并对这两个转速进行比较。当这两个转速的信号出现的差异超过某一限值时,空调放大器便认定压缩机出现故障,随后就切断压缩机电磁离合器的电源,使压缩机停止工作,以保证其他附件的正常运转。

2.3.3　压缩机双级控制

有些车辆为了提高燃油经济性而采用了压缩机双级控制,如图 4-1-15 所示。在空调上有两个开关:一个是 A/C 开关,另一个是 ECHO 开关。在接通 A/C 开关时,空调 ECU 根据蒸发器温度传感器的信号在较低的温度控制压缩机电磁离合器的通断;在接通 ECHO 开关时,空调 ECU 便在较高的温度下控制压缩机电磁离合器的通断,这样就可以减少压缩机工作的时间,减少汽车的燃料消耗,同时在压缩机停机时,发动机的负载减少,提高了汽车的动力输出。

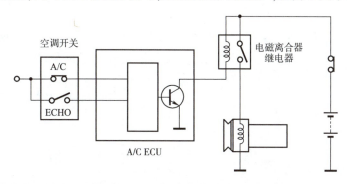

图 4-1-15　压缩机双级控制

2.3.4　双蒸发器控制

有些车辆在前排和后排都有蒸发器,且两个蒸发器共用一个压缩机,这样就面临前后蒸发器分别控制的问题。为此,在两个蒸发器的入口处,安装两个电磁阀,用来分别控制前排座位和后排座位的温度,如图 4-1-16 所示。

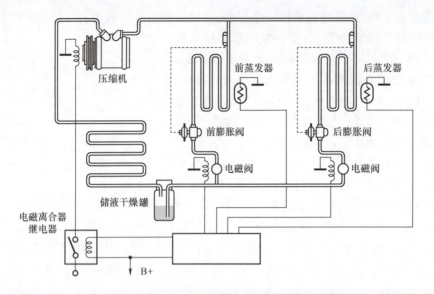

图 4-1-16 双蒸发器控制

2.3.5 冷却液温度控制

为防止冷却液温度过高,有些空调控制电路中设有冷却液温度开关或传感器,当冷却液的温度高过某设定值(一般为105℃)时,切断压缩机电磁离合器电路,使压缩机停止运转;当温度下降到某设定值(一般为95℃)时,再接通电磁离合器电路,使空调重新工作。

2.3.6 制冷剂温度控制

在部分叶片式压缩机和斜盘式压缩机上装有制冷剂温度开关,可防止压缩机温度过高而损坏。当制冷剂的温度超过180℃时,此开关就断开,切断了压缩机电磁离合器的电路,使压缩机停止运转。

2.4 压缩机控制电路

2.4.1 开关控制

开关式压缩机控制电路主要由压力开关、环境温度开关、蒸发器表面温度开关、空调压力开关等开关串联控制。当其中一个开关断开时,压缩机工作电路就会切断。其控制电路如图 4-1-17 所示。

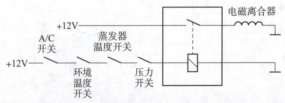

图 4-1-17 开关控制压缩机

电控时代的汽车手动空调,大多由发动机 ECU 控制压缩机电磁离合及冷凝风扇,蒸发器表面温度开关被蒸发器表面温度传感器所替代,空调 A/C 开关、压力开关、蒸发器等表面的温度信号传输给发动机 ECU,由发动机 ECU 来进行检测,完成压缩机电磁离合器控制。其控制电路如图 4-1-18 所示。

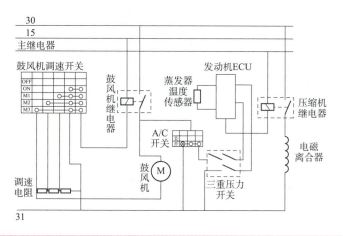

图 4-1-18　发动机 ECU 控制压缩机

由空调控制电路可以看出,空调开启时,首先打开鼓风机调速开关,才能使鼓风机继电器工作,接通 A/C 开关电路和鼓风机供电电路,然后按下 A/C 开关,指示灯亮,经过三重压力开关给发动机 ECU 发送请求信号,发动机 ECU 再根据冷却液温度信号、蒸发器表面温度信号控制压缩机工作。

A/C 请求信号在系统压力较高或较低时,将停止压缩机工作,对空调系统进行保护,其控制策略如图 4-1-19 所示。

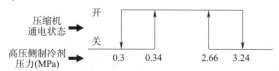

图 4-1-19　控制器控制压缩机

2.4.2　空调控制器控制

如图 4-1-20 所示,大众部分新车型采用了装有空调控制单元的手动空调控制系统,与传统手动空调相比,取消了软轴、钢丝拉索,温度和吹风模式旋钮只是向空调控制单元传输信号,所有的风门都是通过伺服电动机进行调节。

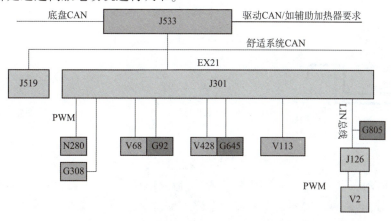

图 4-1-20　控制器控制压缩机

2.4.3　自动空调控制

对于自动空调系统压缩机的控制,一般是由空调电脑根据传感器信号与发动机电脑配合控制,既满足空调要求,又满足发动机要求。汽车自动空调压缩机控制方式如图4-1-21所示。

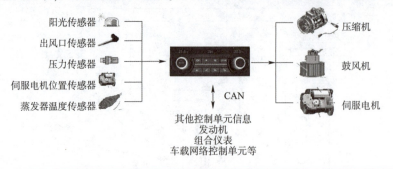

图4-1-21 自动空调压缩机控制

3 任务实施

3.1 准备工作

阅读维修手册,制订测量及拆装更换方案,准备所需仪器、设备和工具。

3.2 操作流程

3.2.1 电磁线圈的测量检查

(1)电阻测量法。如图4-1-22所示,将压缩机电磁离合器线圈从线束中脱开,用万用表测量电磁线圈两端电阻,电阻值应用3.6~4.0Ω。若线圈短路,则电阻值减小;若线圈断路,则电阻值为∞。

(2)电压测量法。如图4-1-23所示,开启空调开关,检查电磁离合器线圈的供电电压,测量与电磁线圈相连接的线束端,电压应为24V或12V,若不正常,应检查空调开关和线路。

(3)电流测量法。如图4-1-24所示,正常的电磁线圈阻值为3.6~4.0Ω,车辆使用12V电源时,测量的电流值一般为3.0~3.6A。若电流过大,则线圈短路;若电流值为0,则说明线圈断路。

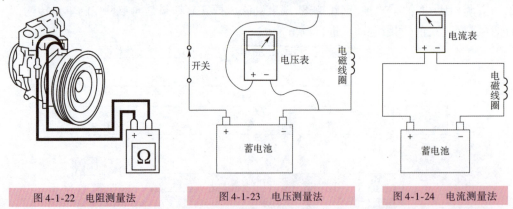

图4-1-22 电阻测量法　　图4-1-23 电压测量法　　图4-1-24 电流测量法

汽车运行时的振动,容易引起接线端子弯折,造成电磁线圈引线或导线脱焊式断裂;当电磁离合器打滑时,电磁离合器容易发热造成电磁线圈烧坏形成内部短路,导致工作电流过大,而线圈产生的电磁吸力却很小或根本无吸力;振动脱焊引起的回路接触不良还容易造成压缩机电磁离合器接合无力或时通时断。

一般空调电磁离合器线圈工作比较稳定可靠,出现故障的概率较小。当压缩机电磁离合器不能接合时,除了检查电磁离合器线圈阻值外,还应检查控制继电器和影响空调压缩机工作的控制部件。

3.2.2 电磁离合器的拆卸和更换

1）电磁离合器的拆卸

（1）如图 4-1-25 所示，使用 Y 形爪具的三个定位销插进离合器盘上的三个孔，固定离合器的驱动盘，用套筒扳手拆下主轴上的六角锁紧螺母。

（2）六角锁紧螺母拆除后，用专用拉拔器拆下压板，并用卡簧钳拆卸内卡簧，如图 4-1-26 所示。

图 4-1-25　拆下主轴上的六角锁紧螺母　　　图 4-1-26　用卡簧钳拆卸内卡簧

（3）用拉拔工具拆卸离合器驱动盘，如图 4-1-27 所示，将压缩机带轮和轴承拔出。

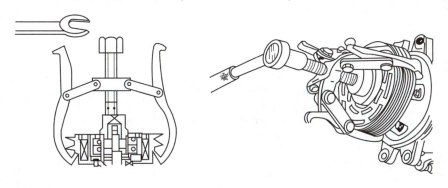

图 4-1-27　拆卸离合器驱动盘

（4）拆下键和垫片。垫片是用来调整驱动盘和摩擦板之间的间隙的，安装时用它来调整到规定的间隙值。

（5）用旋具拆下电磁线圈安装螺钉，卸下电磁线圈。

2）电磁离合器的安装

在安装前先擦净并仔细检查压缩机及离合器各个部件。

（1）安装电磁线圈。将压缩机壳体上的定位销与电磁线圈上的定位孔对正配合，用软金属（铜或铝块）垫在轴承带轮上，用榔头均匀平整地轻轻敲到位，然后用卡环固定。

（2）安装轴承和带轮，按照拆卸相反的顺序进行安装。

（3）安装轴承和带轮卡环，卡环的斜面朝外。

（4）安装垫片、滑键，在校正滑键位置后，安装轮毂。

（5）检查轮毂与带轮之间的轴向间隙，注意要用非磁性塞尺检测。转动压缩机轴一圈以上，检查不同角度的轴向间隙，并通过加减垫片调整。

3.3 操作提示

（1）检测压缩机电磁离合器线圈时，选择一种方法检测即可，电阻测量法和电压测量法比较常用；

（2）拆卸电磁离合器时，拆卸下的零部件，按照拆卸的先后顺序整齐摆放，并按照后拆的先安装顺序进行安装。

复习与思考题

1. 影响压缩机工作的控制信号有哪些？
2. 根据压缩机有无电磁离合器或外部控制电磁阀，常见的压缩机有哪几种？
3. 外部调节式压缩机是如何改变排气量的？
4. 无电磁离合器压缩机主轴卡死时，如何保护发动机皮带？

任务2　汽车鼓风机控制系统检修

1 任务引入

制冷剂在蒸发器内吸收热量后，蒸发器周边空气温度变低，如何将蒸发器周边的冷空气吹向车内，达到车内降温目的？

2 相关理论知识

舒适的车内环境，除了要有能根据气候环境变化而调节温度变化的需求外，还应根据环境变化和乘员的不同需求，改变送风气流。汽车空调强制送风气流控制常采用控制鼓风机的转速来实现，鼓风机转速的控制方式主要有以下四种形式。

2.1　调速电阻控制

此种控制方法主要由鼓风机开关和调速电阻两部分来共同控制鼓风机的转速，通过风机开关将不同阻值的电阻串入鼓风机电路中，实现其转速的变化。串入鼓风机电路中的电阻工作时会发热，所以，调速电阻一般装在空调鼓风机送风风道中，利用鼓风机自身气流进行冷却。鼓风机开关安装于空调控制面板内，设置不同挡位，以满足不同风速气流需求。其工作原理如图4-2-1所示。

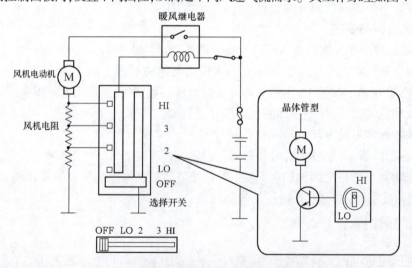

图4-2-1　调速电阻控制鼓风机转速的调节

鼓风机处于 OFF 挡位时，暖风继电器电磁线圈无搭铁，继电器不吸合，没有电流流过风机电动机，所以风机不转。开关滑入 LO 挡位时，接通暖风继电器线圈电路，触点闭合，风机电动机电路接通。由于风机电动机电路中串入较多电阻，所以鼓风机转速较低。当开关分别滑入二挡、三挡时，串入风机电动机电路中的电阻依次减少，所以在二挡及三挡时风机转速依次增高。开关滑入至 HI 挡位时，由于风机电路中没有电阻串入，所以此挡位时风机转速最高。

2.2 晶体管控制方式

调速电阻的控制方式，已不能满足现代中、高档轿车对于车内气流风速的需求，为实现风速的更多级控制，鼓风机的转速一般由大功率晶体管进行控制，如图 4-2-2 所示，大功率晶体管替换串联电阻，可控制晶体管基极的开关替换原鼓风机开关。这样鼓风机的转速就可以实现无级控制。大功率晶体管工作时温度较高，故一般装在空调鼓风机送风风道中，利用风机自身气流进行冷却。

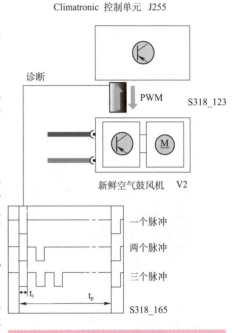

在一些自动空调的控制中，空调电脑根据车内温度传感器信号、车外温度传感器信号和其他信号，计算输出一个控制信号给晶体管控制器，晶体管根据控制器的不同信号使其产生不同的转速。空调处于制冷状态时，如果车内温度比所选定的温度高，鼓风机将高速运转；如果车内温度降低，鼓风机将低速运转。空调处于取暖状态时车内温度比所选定的温度低很多，鼓风机将高速运转；如果车内温度上升，鼓风机将低速运转。

图 4-2-2 晶体管控制鼓风机转速的调节

2.3 PWM 控制方式

PWM 占空比就是一个脉冲周期内高电平所占整个周期的比例，即脉冲宽度调制。脉冲宽度调制是利用微处理器的数字输出来对模拟电路进行控制的一种非常有效的技术，广泛应用于汽车电气设备的功率控制中。

在自动空调系统中，新鲜空气鼓风机带有控制单元，由鼓风机控制单元进行调速，区别于手动空调系统的串联电阻式调速。在途观自动空调系统中，空调控制单元与鼓风机控制单元之间由两条线路连接。如图 4-2-2 所示，一条是信号线，空调控制单元通过 PWM 信号控制鼓风机，另一条是反馈线，用来向空调控制单元发送诊断反馈信号。如果诊断反馈信息中传输一个脉冲信号，空调控制单元借此识别到没有故障。两个脉冲表示电流限值，三个脉冲表示温度过高且可能导致新鲜空气鼓风机功率降低或关闭。

2.4 LIN 线控制方式

LIN(Local Interconnect Network)是一种低成本的串行通信网络，是汽车车载网络中的子总线，其传输速率最高可达 20kbit/s，是一种辅助的通信总线网络，多应用于不需要 CAN 总线的场合。目前,主要用于空调、车门、顶窗、刮水器等系统的传输控制上。在自动空调鼓风机的控制电路中,可以实现对风速的无级控制,又可以监控其工作状态,判断是否有故障发生,现较多应用于中、高档轿车中。

宝马轿车自动恒温空调控制单元为鼓风机风扇控制模块规定了风扇马达的标准电压。额定电压由空调控制单元作为信号通过LIN总线发出,风扇控制模块再根据这个控制信号控制风扇马达。图4-2-3所示为宝马轿车鼓风机控制模块安装位置。

图4-2-4所示为上汽大众凌渡全自动空调鼓风机控制电路,其主要由空调控制单元、鼓风机控制单元及鼓风机组成,空调控制单元根据车内温度传感器信号、车外温度传感器信号和其他信号通过LIN线发送所希望的鼓风机转速等级至鼓风机控制单元,鼓风机控制单元读取LIN线信息,然后再通过PWM调制信号相应地控制鼓风机的转速。

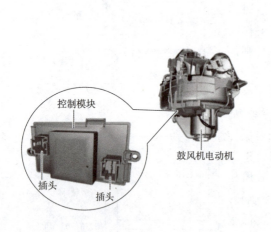

图4-2-3 宝马鼓风机模块安装位置

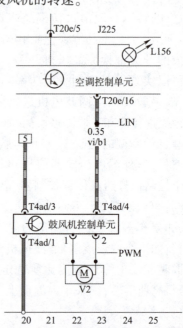

图4-2-4 上海大众凌渡全自动空调鼓风机控制电路

3 任务实施

3.1 准备工作

阅读维修手册,制订鼓风机及相关控制电路测量检修方案,准备所需仪器、设备和工具。

3.2 操作流程

3.2.1 鼓风机及相关电路测量检查

鼓风机的常见故障一般为电动机轴承磨损松旷造成转动异响,电动机长时间使用缺少润滑油造成运行阻力大转速低出风量小。检测时,可手动转动鼓风机检查主轴旋转的流畅性或晃动电动机主轴来检查轴承松旷度来判断鼓风机性能。出风量小也可能是更换空调滤清器不及时造成蒸发器叶片被脏污堵塞。所以在检查出风量小时,也应检查空调滤清器更换情况。鼓风机不运转多是由鼓风机调速电阻、鼓风机开关、鼓风机控制电路故障引起。

主要检查测量位置是：
①鼓风机及开关供电；
②鼓风电动机电阻值；
③鼓风电动机调速电阻；
④鼓风机继电器；
⑤鼓风机开关。
鼓风机不转流程图如下：

3.2.2 鼓风机不转检测流程

针对鼓风机不运转故障,可按照图 4-2-5 所示的流程图步骤进行检测,并最终确定故障原因：

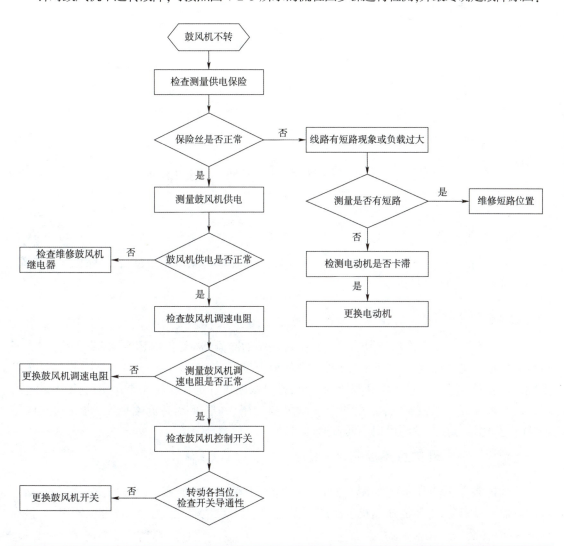

图 4-2-5 鼓风机不运转检测流程图

3.2.3 鼓风机故障检测修复

根据鼓风机故障现象对可能的故障原因进行分析,并根据可能的原因进行有效检测,找到故障点并排除故障,完成表 4-2-1。

鼓风机故障检测记录表　　　　　表 4-2-1

故障现象描述	
可能的故障原因分析	
检测步骤及检测结果记录	
故障点确认	
故障修复方法	

3.3　操作提示

检测操作要有针对性和逻辑性,逐步缩小故障范围,避免盲目检测。

复习与思考题

1. 鼓风机的主要控制方式有哪些?
2. 鼓风机的变速电阻或控制器常安装于空调系统哪个位置?

任务 3　冷却风扇控制系统检修

① 任务引入

在空调制冷系统工作过程中,冷却风扇不工作,造成制冷系统压力过高,压缩机停止工作。需检查维修冷却风扇控制电路。

② 相关理论知识

现代轿车的发动机冷却系散热水箱和空调系统的冷凝器,大多采用同一风扇进行冷却,所以该风扇控制电路通常由空调 A/C 开关、冷却液温度开关、空调压力开关等信号控制。车型不同,风扇配置不同,有单风扇和双风扇区分;控制线路设计也存在较大差异,有利用串入电阻改变冷却风扇高低速控制,有利用两个冷却风扇的串、并联实现高低速控制,也有通过电脑 PWM 占空比信号控制冷却风扇不同转速运行。

2.1　空调开关直接控制

此种控制方法较为简单,如图 4-3-1 所示,空调开关直接控制压缩机电磁离合器和冷却风扇继电器。开启空调开关,压缩机电磁离合器通电,同时继电器线圈也通电,继电器工作,接通冷凝风扇电路。

2.2　串入电阻式控制

开启空调 A/C 开关,空调继电器工作,接通空调继电器触点至冷却风扇串入电阻的上端电路,冷却风扇接通,由于电路中串入电阻,故冷却风扇低速运行;高压保护开关 P 串联在冷却风扇继电器的主电路中,当制冷系统高压值超过规定值时高压保护开关触点闭合,将电阻短路,使风扇电动机高速运转,以增强冷凝器的冷却能力。冷却风扇电动机还直接受发动机冷却液温控开关 t_1 和 t_2 的控制。当不开空调 A/C 开关时,若发动机冷却液温度低于 85℃时,风扇电动机不转动;高于 95℃时,t_1 触点闭合,风扇电动机低速转动;当冷却液温度达到 105℃时,t_2 触点闭合,风扇电动机将高速转动。

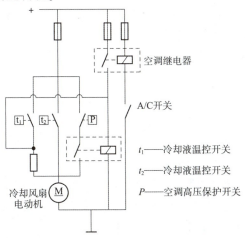

图 4-3-1 串入电阻式冷却风扇控制电路

2.3 风扇串、并联式控制

日韩车系常采用利用压力开关和冷却液温度开关组合控制或发动机 ECU 接通不同继电器的方式控制冷却风扇运转,对冷却风扇实现串联或并联控制,从而实现冷却风扇高低速的控制。图 4-3-2 为丰田 LS-400 冷却风扇控制电路,通过冷却液温度开关和高压开关处于不同状态,则冷却风扇形成不同组合,从而控制冷却风扇的高低速运转。

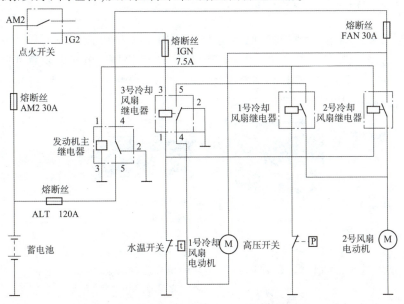

图 4-3-2 冷却风扇串、并联式控制电路

1)空调不工作时

不开空调的情况下,发动机冷却液温度开关控制冷却风扇。

(1) 发动机冷却冷却液温度低于83℃时,冷却液温度开关处于常闭状态,3号冷却风扇继电器和2号冷却风扇继电器通电,3号冷却风扇继电器4与5接通,2号冷却风扇继电器常闭触点打开。同时,由于空调不工作,高压开关处于常闭状态,1号冷却风扇继电全器通电,其常闭触点打开。两个冷却风扇电动机断电,均不工作,使发动机尽快暖机。

(2) 发动机冷却液温度高于93℃时,冷却液温度开关打开,2号和3号继电器断电。虽然高压开关使1号继电器通电,其常闭触点打开,但并不影响冷却风扇的工作。12V电压加至1号冷却风扇电动机和2号冷却风扇电动机,两冷却风扇高速运转,以满足发动机冷却系统散热需要。

2) 空调工作时

使用空调时,空调开关和发动机冷却液温度开关联合控制冷却风扇。

(1) 开空调,高压侧压力大于13.5kPa,且冷却液温度低于83℃时,冷却液温度开关处于常闭状态,高压开关打开,2号继电器和3号继电器通电,1号继电器断电,继电器将两冷却风扇电动机串联在一起,两冷却风扇低速运转,以满足冷凝器散热需要。

(2) 开空调,高压侧压力高于13.5kPa,且冷却液温度高于93℃时,高压开关和冷却液温度开关都打开,1、2、3号继电器均断电,12V电压加至两冷却风扇电动机,两冷却风扇高速运转。

高压开关和冷却液温度开关的特性见表4-3-1。

高压开关和冷却液温度开关的特性 表4-3-1

压缩机	发动机冷却液温度	冷却液温度开关	空调高压侧压力	压力开关	冷却风扇继电器			冷却风扇
					1	2	3	
OFF	<83℃	ON	<10kPa	ON	OFF	OFF	ON	停止
	>93℃	OFF			ON	ON	OFF	高速
ON	<83℃	ON	>13.5kPa	OFF	ON	OFF	ON	低速
	>93℃	OFF			ON	ON	OFF	高速

2.4 发动机控制单元控制

随着汽车对散热需求控制的增加,部分车型采用了发动机控制单元管理散热器风扇,如图4-3-3所示,大众发动机控制单元散热管理系统,发动机控制单元主要通过自身的发动机冷却液信号和通过CAN总线接收的制冷系统压力传感器信号向发风扇控制单元发送脉宽调制信号,风扇控制单元根据脉宽调制信号的大小控制风扇转速。

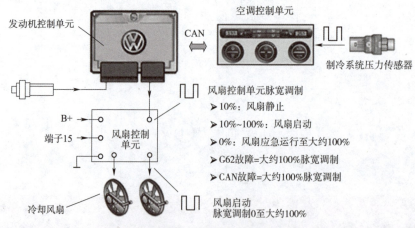

图4-3-3 发动机控制单元管理冷却风扇

发动机控制单元通过脉宽调制信号启动风扇控制单元。如果发动机控制单元没有收到来自空调控制单元的 CAN 信息，在 100% 脉宽调制时启动风扇，以应对紧急情况。

当点火开关打开时，风扇控制单元收到一个 10% 脉宽调制信号。但是在 10% 脉宽调制时不会启动风扇。此基础信号发送给风扇控制单元，用于确认是否有信号连接至发动机控制单元。如果 10% 不存在，风扇控制单元会应急运行风扇至 100%。

宝马轿车电动冷却风扇由发动机控制单元通过一个按脉冲宽度调制的信号（7% ~ 93%）控制水箱风扇的不同转速。小于 7% 和大于 93% 的脉冲负载参数都不会触发控制，而只被用于故障识别。

在电动风扇空转时，发动机控制系统将频率降到 10 Hz。通过脉冲负载参数可以选择时间（最长 11min）和风扇转速。

3 任务实施

3.1 准备工作

阅读维修手册，制订测量及拆装更换方案，准备所需仪器、设备和工具。

3.2 操作流程

3.2.1 外观检查

检查空调冷却风扇外观及线束插头是否脱落、风扇是否卡滞等情况。

3.2.2 故障代码及数据流读取

根据故障现象，利用诊断仪读取发动机冷却风扇故障代码，并读取相关的维修数据流，有些汽车发动机控制电脑可以通过诊断仪进行控制单元操控，调用控制单元的控制功能，远程控制冷却风扇工作，进一步缩小故障判断范围，直观判断故障问题所在。

3.2.3 冷却风扇故障检测修复

根据冷却风扇故障现象对可能的故障原因进行分析，并根据可能的原因进行有效检测，找到故障点并排除故障，完成表 4-3-2。

冷却风扇故障检测记录表　　　　　　　　　　表 4-3-2

故障现象描述	
可能的故障原因分析	
检测步骤及检测结果记录	
故障点确认	
故障修复方法	

由于冷却风扇转速受冷却液出口处的冷却液温度和空调器中的压力影响，所以需要逐步检查空调冷却风扇及继电器保险、空调继电器性能、冷却液温度传感器或空调开启信号、空调压力信号等信息，从而快速排除故障。

复习与思考题

1. 冷却风扇转速的控制方式有哪些？
2. 控制冷却风扇的信号有哪些？
3. 占空比控制的冷却风扇的工作原理？

任务4　手动空调控制系统检修

1 任务引入

目前还有一部分轿车采用手动空调系统，车内的温度、风量大小、通风配气方式等控制需由驾驶员通过空调操作面板上的各个按钮或旋钮来完成。

2 相关理论知识

对于不同车型，空调控制面板会有差异，但其功能和控制内容基本相同。图4-4-1为POLO手动空调控制面板。

在手动空调的使用过程中，通过A/C开关接通压缩机控制电路，使空调制冷开始工作，驾驶员利用风机转速开关控制所需风量大小，利用出风模式选择旋钮控制风道内风门位置，实现不同的通风配气。风道内部的结构如图4-4-2所示。夏季，通常控制面部出风；冬季，通常控制面部和脚部出风，雨天通常控制前风窗玻璃出风进行玻璃除雾气。

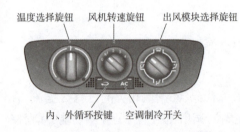

图4-4-1　POLO手动空调控制面板

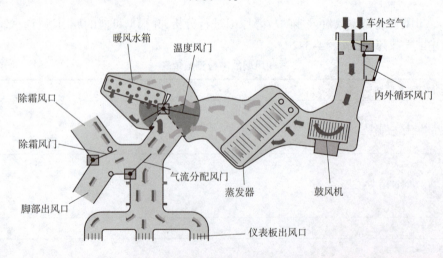

图4-4-2　POLO空调风道内部结构

汽车手动空调系统通风配气中的各个风门动作的控制，不同车型采用不同的方式，一般采用钢丝拉索、挠性轴、真空执行元件或电动机进行控制。

2.1 钢丝拉索控制

由于钢丝拉索工作可靠、价格低廉,现较多手动空调车辆采用此装置进行风门控制,例如本田锋范、福克斯等车型均采用此结构。其结构如图 4-4-3 所示,通风配气旋钮与蜗杆连接,涡轮与钢丝拉索的一端连接,钢丝拉索的另一端与配气风门连接;通风配气旋钮通过涡轮蜗杆机构拉动配气风位,从而改变风门位置进行通风配气操作。

图 4-4-3 锋范通风配气钢丝拉索控制

2.2 挠性轴控制

大众 POLO 轿车采用挠性轴控制部分风门(图 4-4-4),面板左侧操作开关调节动作利用挠性轴传递到空调单元中的温度翻板。利用挠性轴,通过右侧的气流分配旋钮来调节中央风门及脚部出风和除霜风门。

2.3 真空执行元件控制

一部分轿车空调各风门动作是通过真空执行元件来控制的,驾驶员通过控制杆或按键提供输入信息,控制线把这个信号直接传给空调的真空执行元件控制器,由电磁阀控制真空的通断来实现执行元件对空调各风门动作控制。

真空系统主要由真空罐、真空控制器、真空驱动器和真空管路组成。

(1)真空罐。

真空系统的真空多来自发动机的进气歧管或独立真空泵,对于采用发动机进气歧管的真空度会随发动机工况的变化,绝对压力会在 33.7~101kPa 变化。真空度的变化直接影响真空系统的正常工作,因此设立了一个真空罐,其作用是向系统提供稳定的真空压力,其次是储存真空。即使真空系统在发动机停止时,仍能保持一定的真空度。其结构如图 4-4-5 所示。

图 4-4-4 POLO 通风配气挠性轴控制

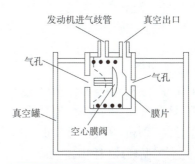

图 4-4-5 真空罐结构

工作原理：当发动机真空度大于真空罐的气孔歧管接口真空出口真空度时，空心膜阀右移，接通真空室，使其真空度提高。同时膜片克服弹簧弹力左移，使气孔真空室与真空执行出口打开，形成通路。当发动机真空度小于真空罐的真空度时，空心膜阀在外部压力关闭与真空室的通道，同时膜片右移，关闭气口，保持罐内真室度。

（2）真空驱动器。

真空驱动器是一个真空膜盒。它的作用是将真空信号转变成机械动作，用于开启关闭风门。如图4-4-6所示，真空驱动器主要由弹性膜片、弹簧、与膜片固定的连杆组成。连杆附着在薄膜上，薄膜运动，可以在罐外转换成机械运动。从图中可知，弹簧位于真空室内，失去真空时，弹簧伸展，推动薄膜恢复到中间位置，空气逐渐进入真空室。通常空气是从室壁上的小孔进入的。图4-4-6a）为接通真空时膜片及连杆工作状态；图4-4-6b）为断开真空时膜片及连杆工作状态。

（3）真空控制器。

真空控制器有采用旋转开关形式，可控制真空罐的真空源与各风门的真空驱动器的真空通路，从而对各风门的位置实行控制。也有的真空控制器采用二位三通电磁阀来实现真空罐的真空源与各风门的真空驱动器的真空通路的，如图4-4-7所示。

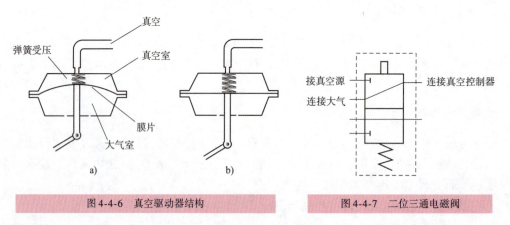

图4-4-6　真空驱动器结构　　　　　图4-4-7　二位三通电磁阀

电磁阀通电时，真空控制器与真空源接通，真空控制器工作。电磁阀断电时，真空控制器与大气导通，真空控制器内的膜片在大气压力下可以迅速回位。

2.4　电动伺服电动机执行器控制

宝马第五代三系（E90）及大众凌渡车上装有带有控制单元手动空调系统，采用了带变排量调节阀的外部调节式压缩机。它与传统手动空调最大的不同是取消了软轴或钢丝拉索的设计，温度和吹风模式旋钮只是向空调控制单元传输信号，所有的风门都是通过伺服电动机进行调节。除此之外，空调控制单元与CAN线连接，可以实现自诊断功能。具体的控制原理如图4-4-8所示。

其工作原理是手动空调控制单元接收脚部温度信号、蒸发器表面温度信号等信号，制冷系统压力信号则通过电子接线盒控制单元接收后，再利用总线传输至空调控制单元。空调控制单元根据控制面板的开关信号及出风模式信号发送执行指令，通过LIN线控制空气分配伺服马达、新鲜空气循环风门伺服电动机、混合风门驱动伺服电动机进行工作，实现不同通风配气需求；通过伺服电动机的微开关接收电动机的位置信号。

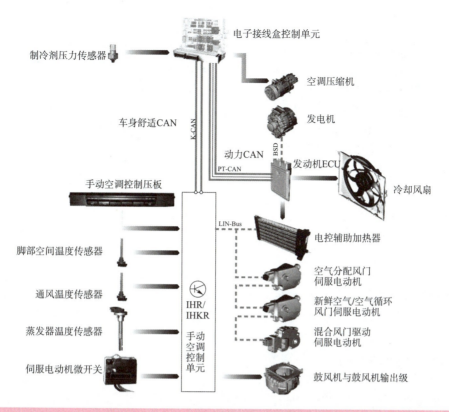

图 4-4-8 手动空调伺服电动机控制

项目 4 汽车空调控制系统检修

3 任务实施

3.1 准备工作

阅读维修手册,制订测量及拆装更换方案,准备所需仪器、设备和工具。

3.2 操作流程

3.2.1 拆装及检修宝马轿车右脚部空间风门的伺服电动机

首先拆卸右侧仪表板下方饰件上的装饰条及右手套箱和壳体,拆下 USB 接口接插孔,脱开手套箱灯的插头连接,完整拆卸接插孔后才可取出手套箱壳体,如图 4-4-9 所示。松开右侧脚部空间通风通道固定螺钉并抽出通风口,松开电动机固定螺栓,松脱插头连接后拆下伺服电动机。

右脚部空间风门的伺服电动机通过 LIN 总线与 IHKA 控制单元进行通信。风门电动机串联在 LIN 总线上。控制电动机模块利用一个 4 芯插头与 IHKA 空调控制单元连接,如图 4-4-10 所示。用万用表测量 U 与 31 端子间的电压值即为车载电压。用示波器测量 LIN in 与 LIN out 应为 LIN 线波形信号,如图 4-4-11 所示。

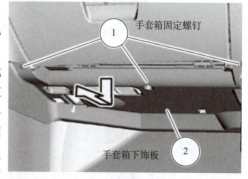

图 4-4-9 拆卸手套箱下饰板

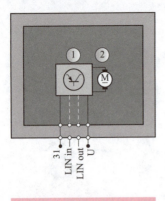

图 4-4-10　伺服电动机控制连接

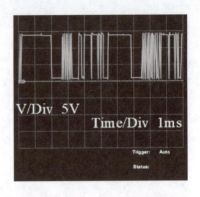

图 4-4-11　LIN 线波形

3.2.2　更换空调鼓风机控制器

关闭空调开关及点火开关，拆下车辆右侧手套箱下饰板固定螺钉，取下饰板盖，拔下饰板盖脚部空间照明灯的插头，如图 4-4-11 所示。脱开插头连接①，松开螺栓②，并取出鼓风机控制器，如图 4-4-12 所示。更换完成后按照相反顺序组装。

3.3　操作提示

温度传感器位于风扇输出级线路板上。温度在 65~80℃ 时，会在过热保护框架下降低风扇输出级的输出功率，这会导致风扇功率减小。

鼓风机控制器即为风扇输出级，通过两个插头五根导线连接至线束和风扇电动机。与线束连接的插头内有三根导线，Kl.30 由接线盒或前部配电器提供总线端的供电，KL.31L 为模块搭铁线，LIN 为鼓风机控制信号。与风扇电动机相连接"U"为电动机正极供电，KL.31 为鼓风机搭铁，如图 4-4-13 所示。

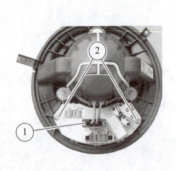

图 4-4-12　更换鼓风机控制器

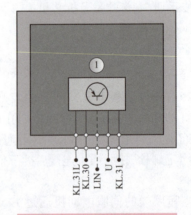

图 4-4-13　鼓风机控制器

复习与思考题

1. 传统手动空调风门的控制形式是什么？
2. 装有控制单元的手动空调与传统手动空调的区别是什么？

任务 5　自动空调控制系统检修

1　任务引入

手动空调只能按照驾驶员所设定的温度和风机转速不停地运转,不能依据车内温度、车外环境温度以及太阳辐射等变化对车内的冷气作出任何调整。随着时间的推移,驾驶员只能短暂关闭空调制冷或重新设定出风模式等操作。自动空调减少了手动空调控制的烦恼,它可以根据车内外温度及其他信号自动地控制出风温度和出风模式。

2　相关理论知识

自动空调是在装有手动空调控制器的基础上,加装了若干传感器、程序装置、伺服电动机。自动空调控制控制器(空调 ECU)通过对各传感器所检测的信息进行处理、计算、比较,输出不同的控制指令,单独或集中对各执行器、伺服电动机的动作进行控制,从而实现车内温度和湿度自动调节、送风模式自动控制以及运转方式和换气量的控制,使车内温度、空气流动状况等始终保持在驾驶员设定的水平上,极大地简化了空调的操作,缓解了驾驶员的疲劳,提高了乘坐的舒适性和驾驶的安全性。自动空调系统主要由空调控制面板、配气系统和电子控制系统三部分,其中电子控制系统主要由传感器、空调 ECU 和执行器组成,如图 4-5-1 所示。

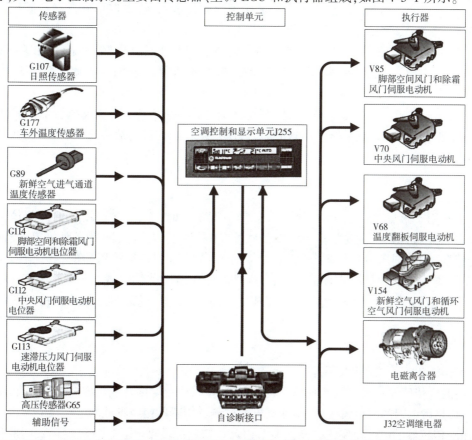

图 4-5-1　自动空调系统组成

自动空调一般会具有以下几种功能：

（1）自动控制。电控单元将根据驾驶员或乘客通过空调显示控制面板上的按钮进行的设定，再根据环境温度、湿度、日照强度等各种传感器输入的信号，对送风温度和送风速度及时地进行调整，使车内的空气环境保持最佳状态。

TAO是车内温度保持在设定温度所必需的鼓风机出风口的空气温度，是空调电控单元根据输入信号（车内温度传感器、车外环境温度传感器、阳光传感器）和温度设定计算出来的。空调电控单元参照TAO值对执行器进行控制。

TAO值由下面公式计算出：

$$TAO = A \cdot TSET - B \cdot TR - C \cdot TAM - D \cdot TS + E$$

式中： TSET——设定温度；
TR——车内温度；
TAM——车外温度；
TS——太阳辐射强度；
A、B、C、D、E——常数。

空调控制单元根据TAO值和蒸发器温度传感器信号（TE），计算空气混合控制风门的开度（SW）。可以看出，室内温度越高、环境温度越高、阳光越强，混合门就越处于"冷"的位置。

（2）节能控制。当车内的空气环境需求达到驾驶员需求时，电控单元自动切断压缩机电源或控制变排量压缩机的排气量，从而达到节能目的。

（3）显示功能。安置在汽车仪表盘上的空调显示控制面板，可以随时显示当时的设置温度、车内温度、送风速度、控制方式等信息，使驾驶员能够及时全面地了解空调系统的工作状态。

（4）自诊断功能。可对制冷剂不足、制冷压力过高、各相关传感器及执行器故障进行诊断，及早发现故障隐患。当系统中出现故障时，使系统转入相应的故障安全状态，防止故障进一步扩大。

2.1 传感器

传感器用于采集空调工作状态数据，自动空调工作时，空调ECU接收的传感信号主要有三种：一是测量信号，主要是车内温度传感器、车外温度传感器、阳光照射传感器、前车窗雾气传感器、制冷剂压力传感器、蒸发器表面温度传感器等各种传感器的输入信号。二是指令信号，主要是驾驶员操作控制面板的温度信号和通风配气模式信号。三是反馈信号，主要是各风门伺服电动机位置信号以及各控制模块的工作反馈信号，如鼓风机模块的转速信号。

2.1.1 车内温度传感器

（1）车内传感器的结构及原理。

车内温度传感器一般安装于车辆仪表台上方，多采用负温度系统热敏电阻，当车内温度发生变化时，热敏电阻的阻值改变，空调计算机通过测量传感器接线脚处的电压接受车内温度信号（电压随传感器的电阻而变化），从而调节出风口空气的温度、出风口风量、模式门的位置及进气门的位置。

①确定混合门的位置,从而决定了出风口的空气温度。车内温度传感器指示的车内温度越高,混合门就越朝着"冷"的方向移动,出风口的温度就越低;反之,车内温度传感器指示的车内温度越低,混合门就越朝着"热"的方向移动,出风口的温度就越高。

②确定鼓风机的转速,从而决定了车内的空气温度。在制冷工况,车内温度传感器指示的车内温度越高,鼓风机的转速就越高;反之,车内温度传感器指示的车内温度越低,鼓风机的转速就越低。在取暖工况,车内温度传感器指示的车内温度越高,鼓风机的转速就越低;反之,车内温度传感器指示的车内温度越低,鼓风机的转速就越高。

③确定进气门的位置,从而影响到车内的空气温度与空气的新鲜度。在制冷工况,特别是在刚开始制冷(车内空气温度最高),一般进气门都处于内循环位置。随着时间的推移,车内空气温度下降,根据不同的环境温度,进气门可以处于20%新鲜空气的位置或外循环的位置。

④确定模式门的位置。空调电脑根据室内温度、环境温度、设定温度,自动调节模式的位置。如有些车型设定:若室内温度为300℃,模式门处于吹脸位置;若室内温度为200℃,模式门处于双层;若室内温度处于150℃,模式门处于吹脚位置。

由于车内温度传感器都安装在仪表台的里面,位置较封闭。为了准确、及时地测量当前的车内平均温度,系统会把车内空气强制不断流向车内温度传感器。为了准确及时地测量车内温度,必须采用强制装置将车内空调导入至温度传感器上,按照导入气流方式的不同,车内温度传感器可分为吸气式和电动机式。

吸气式车内温度传感器是利用文丘里效应制作而成,在空调管道上有一狭窄的喉管,空气快速流过喉管时产生一负压,将车内空气吸入,流经车内温度传感器,从而检测车内温度。其工作原理如图4-5-2所示。

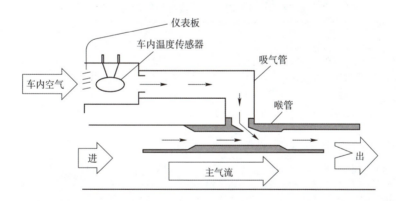

图4-5-2 吸气式车内温度传感器工作原理

电动机式车内温度传感器是由电动机带动一个小风扇旋转抽吸车内气体流经传感器检测车内温度。电动机一般由空调ECU来进行控制,其结构如图4-5-3所示。温度传感器一般采用负温度系数的热敏电阻。当温度变化时,热敏电阻的阻值也相应地发生变化,从而向空调电控单元输送温度信号。其工作原理如图4-5-4所示。空调控制单元控制电动机供电,实现温度测量时的空气抽吸,同时空调控制单元向温度传感器提供5V的基准电压,将温度引起的阻值变化转化成电信号,通过控制单元内部的检测电路检测计算其温度。

另外,有一部分高端车型在仪表板中央出风口、脚部出风口设有出风口温度传感器。

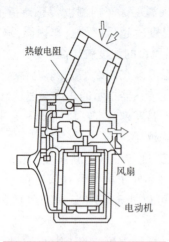

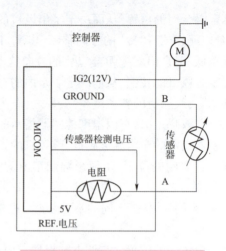

图 4-5-3 电动机式车内温度传感器　　　图 4-5-4 车内温度传感器工作原理

(2) 车内温度传感器的检修。

鼓风机高速运转,将一小纸片(5cm×5cm)靠近前车内温度传感器,若纸片吸住,车内温度传感器强制通风装置良好。若没有吸住,对车内温度传感器是吸气器型,检测抽风管道是否封闭;对电动机型车内温度传感器,检测车内温度传感器抽风机及线路。该抽风机一般都由空调电脑控制,在空调系统工作或点火开关打开,抽风机就工作。

拆下车内传感器的接头,在线束侧应能测量到5V的直流电压。否则,说明线束工作不良或空调电脑工作不良。测量检查传感器电阻值。各个车型在车内不同温度下传感器的阻值对应关系如表 4-5-1 所示。

各个车型在车内不同温度下传感器的阻值对应关系　　　表 4-5-1

车型	20℃		25℃		30℃		40℃	
	电阻(Ω)	电压(V)	电阻(Ω)	电压(V)	电阻(Ω)	电压(V)	电阻(Ω)	电压(V)
奔驰	3200~3699	2.6~2.9			2050~2300	2.0~2.4		1.2~1.6
凌志			1600~1800	1.8~2.2				
风度	2650				1810			
佳美	1800				1300			
AUDI	3513				2237			

现在绝大多数车型的自动空调都具有自诊断系统,能对车内温度传感器进行监控。当发现故障后,会存储在空调电脑里,供读取。同时,还具有读取传感器实时数值的功能。读取的数值与实际的车内温度应相同,否则,说明车内温度传感器工作不良。有些车型在车内温度传感器有故障时,空调电脑会采用一个特定的默认值,以使空调继续工作。不同车型的默认值是不一样的。

2.1.2 车外温度传感器

车外温度传感器一般安装于车辆最前方保险杠位置或车外后视镜下方,主要用于检测车外温度。车外温度传感器与车内温度传感器一样,多采用负温度系数热敏电阻,一般将车外温度传感器包在一个塑料树脂壳体内,以防止受潮和避免对温度的突然变化作出反应,适度的惯性使其能准确地检测到车外的平均温度。

除此之外,有些车型在空调电脑内部有防假输入电路。不同车型的防假输入电路是不同的。上海别克的防假输入如下:若外界温度增加,所显示的温度只有在以下条件下才能随之增高:

①车辆以高于32km/h的速度行驶约2min。

②车辆以高于72km/h的速度行驶约1min。

这些限制有助于防止错误读数。若所显示的温度下降,外界温度显示将立即更新。如果车辆熄火超过3h,车辆再起动时,将显示当前外界温度。如果车辆熄火不足3h,车辆再起动时,将恢复车辆上次操作时的温度。

它也是一个负温度系数热敏电阻,向计算机提供外部空气温度信息,影响出风口空气的温度、出风口风量、模式门的位置及进气门的位置(考虑到外部周围环境)。

①确定混合门的位置,从而决定了出风口的空气温度。车外温度传感器指示的车外温度越高,混合门就越朝着"冷"的方向移动,出风口的温度就越低;反之,车外温度传感器指示的车外温度越低,混合门就越朝着"热"的方向移动,出风口的温度就越高。

②确定鼓风机的转速,从而决定了车内的空气温度。在制冷工况,车外温度传感器指示的车外温度越高,鼓风机的转速就越高;反之,车外温度传感器指示的车外温度越低,鼓风机的转速就越低。在取暖工况,车外温度传感器指示的车外温度越高,鼓风机的转速就越低;反之,车外温度传感器指示的车外温度越低,鼓风机的转速就越高。

③确定进气门的位置,从而影响到车内的空气温度与空气的新鲜度。在制冷工况,车外温度传感器指示的车外温度越高,一般进气门都处于内循环位置。随着时间的推移,车内空气温度下降,进气门可以处于20%新鲜空气的位置或外循环的位置。

④确定模式门的位置。空调电脑根据室内温度、环境温度、设定温度,自动调节模式的位置。如有些车型设定:若室内温度为300℃,模式门处于吹脸位置;若室内温度为200℃,模式门处于双层;若室内温度处于150℃,模式门处于吹脚位置。

⑤控制压缩机。一般自动空调在环境温度低于某值(20℃),压缩机就不会工作。

车外温度传感器的检测与车内温度传感器检测方法相近。

2.1.3 阳光照射传感器

阳光照射传感器主要用于检测阳光强弱,有助于自动恒温空调参考阳光辐射,为自动空调的各项调节提供基础数据。一般安装于仪表台上表面,靠近前风窗玻璃的底部,如图4-5-5所示。阳光照射传感器根据结构不同可分为光敏电阻型和光电二极管型。

(1)光敏电阻传感器能检测太阳热辐射的变化,阳光越强,电阻越小,将太阳辐射能转换成电流的变化,并输送给空调ECU。在强阳光下测量,电阻为4kΩ,电压小于1V;用布挡住阳光传感器,电阻为∞,电压大于4V。

(2)光电二极管型阳光照射传感器一般有两个光电二极管与一个光学元件组成,如图4-5-6所示。采集来自不同位置的阳光照射,利用光电效应将阳光辐射强度转变成电信号,并输送给控制单元,以修正控制温度风门的位置和新鲜空气鼓风机的转速。

一般在强阳光下测量,电压小于1V,用布挡住阳光传感器,电压大于4V。

图4-5-5 阳光传感器安装位置

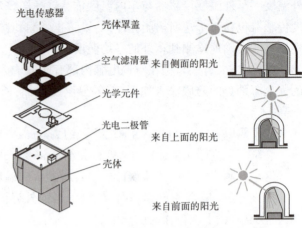

图4-5-6 光电二极管型阳光照射传感器工作原理

2.1.4 前车窗雾气传感器

雾气传感器主要用于检测前车窗玻璃内侧的温度和空气温度,用于检测、判断前车窗是否有雾气产生,保证行车的安全。

雾气传感器一般安装在后视镜底座盖板下方,与晴雨、光照传感器固定于同一支架上。雾气传感器可及早探测到车窗玻璃起水雾,甚至先于驾驶员发现水雾情况。无须驾驶员进行干预,系统就会及时自动采取相应措施。为了确保传感器发挥最佳功能,必须进行有效通风。因此,在后视镜底座盖板内带有相应的通风槽,可确保为传感器提供充足换气量。传感器必须位于风窗玻璃刮水器的刮水范围内,以免因冰雪覆盖住传感器对侧的玻璃而产生温度变化。此外,还需要确保传感器可探测到驾驶员视野范围内的车窗玻璃状况,只有这样才能通过传感器处的雾气判断出驾驶员视野范围内的车窗玻璃是否起水雾。为了及早探测出风窗玻璃起雾趋势或去除已产生的水雾,使用了一个电容性传感器元件。控制单元为传感器提5V供电,传感器输出信号至空调控制单元。

2.1.5 压力传感器

压力传感器主要用来检测空调系统高压管路中制冷剂的压力,空调控制单元接受这个压力信号,可以控制散热风扇、控制压缩机电磁离合器或调节压缩机的负荷,并且能够检测制冷剂的消耗情况。

大众迈腾轿车由控制单元为高压传感器提供12V电源。传感器中的电子元件发起一个与压力匹配的脉宽调制信号。脉冲信号的占空比决定与压力匹配的散热器风扇转速。在此情况下,散热器风扇以无级调速方式启动。制冷剂压力达到大约0.7MPa后才启动冷却风扇。脉宽调制大约为75%时,会达到大约3MPa压力,25%时压力大约为0.47MPa,如图4-5-7所示。

一部分汽车采用压敏元件的压力传感器形式,控制单元给制冷剂压力传感器提供5V电压和接地。传感器会输出一个与压力匹配的线性电压信号。0.4V至4.6V的测量范围对应10kPa(0.1bar)至3.5MPa(35bar)的压力。

2.1.6 空气质量传感器

该装置安装于空调的微尘滤清器箱的车外进气口处,用于探测进入车内的空气质量好坏,分析吸入的新鲜空气中一氧化碳和氧化氮的浓度。如果测量出一个过高的排放值,将通过自动恒温空调控制单元切换至内循环空气模式。这样可以提高乘员的舒适感,并减少污染物对乘员的伤害。

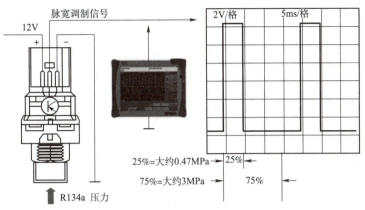

图 4-5-7　高压传感器工作原理

空调质量传感器是一种金属氧化物传感器。该传感器对于汽车运行中的各种典型气味和有害物质具有高灵敏度。该装置由两个电阻元件和一个电子单元组成。

控制单元提供 12V 供电,传感器元件需要约 300℃ 的工作温度,传感器中的电子装置控制加热电压的间歇,传感器在 30s 后达到其运行准备状态,并对环境空气的变化作出反应。记录空气质量,将所记录到的空气质量转换为电信号。为了简化信息处理,因此将空气质量分为 0~10 级(从干净到严重污染),传感器将相应的级别作为数字信号通过脉冲宽度调制或总线信号发送至空调控制单元。

2.1.7　蒸发器温度传感器

蒸发器温度传感器也是一个负温度系数的热敏电阻,安装于蒸发器的表面,用于检测蒸发器表面的温度,防止其表面结冰。当蒸发器表面的温度低于某一设定值时,热敏电阻的阻值变化,传输给空调 ECU 低温信号,空调 ECU 控制压缩机的工作,切断压缩机电磁离合器电路,使压缩机停转,控制蒸发器温度不低于 0℃。同时,在自动空调的控制中也用于修正温度混合风门的位置,调节出风温度。其控制电路如图 4-5-8 所示。

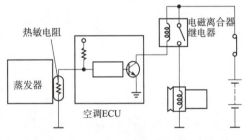

图 4-5-8　蒸发器温度传感器电路

2.1.8　暖风加热器温度传感器

在自动空调的恒温调节中,空调 ECU 不仅要读取蒸发器表面温度信号,同时也要读取暖风加热器的温度。所以在暖风加热器芯上同样也设有与蒸发器相同原理的负温度系数的热敏电阻,用于测量其温度,修正混合门的位置。

当冷却液的温度高过一定值时,切断压缩机电磁离合器电路,使压缩机不工作,在温度下降的某设定值时,再接通电磁离合器电路,使空调重新工作。

在冷却液温度过低,系统会启动鼓风机的预热控制。也就是当冷却液温度太低,且取暖工况,为了防止吹出的是冷风,冷却液温度低于系统设定温度,鼓风机会低速工作或不工作。

2.2 空调控制单元

自动空调多采用微机控制的空调器,安装于仪表台下方,或与空调控制面板集成到一起。

控制器的工作通常按以下四步进行:

输入:传送来自输入装置的电压信号,输入装置可以是传感器或是由驾驶员操纵的开关。

处理:微处理器采集输入信息,并将它与程序指令比较,逻辑电路把输入信号处理成输出指令。

存储:程序指令存储在电子存储器中,某些动态信号也存储在其中,以便再处理。

输出:微处理器处理完传感器的输入信号,并核查其程序指令后,向各个输出装置发出控制指令,这其中也包括仪表板显示和向总线提供的共享数据。

通过空调控制面板中的按钮来操作空调的工作,操作的请求信号直接传送到空调控制单元,冷暖空调控制单元根据操作的请求将空调器调节到所需的温度、风速及送风模式。这时控制单元检测传感器信号,并连续匹配调节吹风温度和风扇功率。

自动空调控制系统的详细功能如下。

1) 温度控制

实际值由车内温度传感器、车外温度传感器、通风温度传感器和脚部空间温度传感器上的温度测量计算得到。指令参数由车内温度实际值与校正的标准值比较获得(根据客户要求和车外温度计算获得)。相对于所设置的标准值,冷时车内温度会被提高,使得零度时尽管温度调节未改变,仍会产生舒适感。

风门起动机通过局域互联网总线与冷暖空调控制单元通信。空调控制单元为风门起动机提供电压和接地。在静止状态下,冷暖空调的控制单元会关闭供电电压。

2) 风速调节及空气分配

驾驶员可通过操作 AUTO 按钮接通让自动程序来规定空气分配自动风扇和风门系统。乘客另外也可以通过手动选择进行各自的个人空气分配。

随着行驶速度的提高,空气进气格栅上的风量会提高过度。这一效应会得到相应的平衡,原因是随着车速的提高,新鲜空气风门的开启角度会减小(速滞压力补偿)。开启角度的调节根据固定的特性线进行。

当按下某个送风方式控制键时,汽车空调 ECU 控制送风方式伺服电动机动作,将送风方式固定在相应状态上。当进行自动控制时,汽车空调 ECU 根据求得的 TAO 值,自动调节送风方式。当 TAO 值非常小时,最冷控制挡风板完全开启,增加送风风力。

如果安装有光照传感器,在接通自动程序时会根据阳光照射强度改变风扇功率和车内标准温度值。

3) MAX 冷却

如果按压 MAX 按钮,则会根据控制单元的要求关闭包括除霜功能在内的所有功能。出风温度自动设置为最低,出风风速为最高的正面出风口出风。

4) 除霜功能

在除霜功能接通后,除霜风门完全打开。新鲜空气/空气内循环风门进入"新鲜空气"位置,所有其他风门关闭,风扇提升到较高功率。

5）自动功能

通过点击 AUTO 按钮，可将自动空调的所有功能切换成自动功能。自动程序根据所选的温度规定空气分配和风扇调速挡。当对一个或多个自动控制的功能进行手动调节时，相关功能的自动控制被取消，所有其他功能继续接受自动控制。

6）空气循环功能

为了保证足够的新鲜空气输送，对空气循环功能进行时间限制，30min 车内循环功能后再接通 30s 车外循环功能，周而复始的循环，通过此方式引入部分新鲜空气，以此提高车内的新空气质量。

在自动车内空气循环控制模式下，当空气质量传感器测量到环境中的汽油和柴油发动机有害物质排放上升时，自动空调控制单元自动切换到内循环模式，防止有害气体进入车厢内。

7）避免车窗产生雾气

当风窗玻璃有雾气趋势时，会按顺序采用下列措施以防止雾气。当一个措施被证明无效时，会采用下一个措施。成功后至此为止所采取的措施会一步步反向撤销。

第一步，打开除霜风门，从自动空气循环功能切换到部分新鲜空气模式；第二步，从部分新鲜空气模式切换到新鲜空气模式；第三步，提高除霜风口风量，减少脚部空间的风量；第四步，提高标准温度值。

8）空调 ECO PRO 节能模式

一些高端轿车采用了 ECO PRO 节能模式，汽车空调在对空气干燥和制冷负荷较少的情况下工作。因此，需要较小的机械驱动功率，从而进一步防止发动机以较高的消耗运行。如果在无须制冷的情况下也能达到需要的温度，则会关闭空调压缩机。

发动机动力管理系统和自动空调控制单元的智能控制构成了 ECO PRO 的基础，实际上油耗降低最多可达 10%。

2.3　空调执行器

执行器主要包括鼓风机电动机、风门伺服电动机、压缩机电磁离合器及混合水阀等，如图 4-5-9 所示。

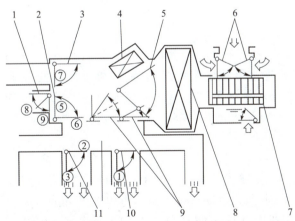

图 4-5-9　各种挡风板（风门）位置

1-除霜风口挡风板；2-风口挡风板；3-取暖风口挡风板；4-取暖器芯；5-空气混合挡风板；6-进风挡风板；7-风机电动机；8-蒸发器；9-最冷控制挡风板；10-中央风口挡风板；11-后风口挡风板

2.3.1 鼓风机电动机

风机是汽车空调系统中十分重要的执行器。为了达到高效、舒适调节车内空气的目的，汽车空调系统对风机转速的控制，风机控制开关有自动挡（或者经济运行模式）和不同转速的人工选择模式。当风机转速开关设定在自动挡时，它的转速由微处理器根据传感器参数和人为设定的参数控制，晶体管导通电流的大小决定风机的转速。若按人工选择模式开关，则汽车空调取消自动控制功能，执行人工设定的转速。

风机是根据传感器送入的参数，微处理器分析、计算后，按照相应的工作方式去工作的，通常有以下四种状态，如图4-5-10所示。

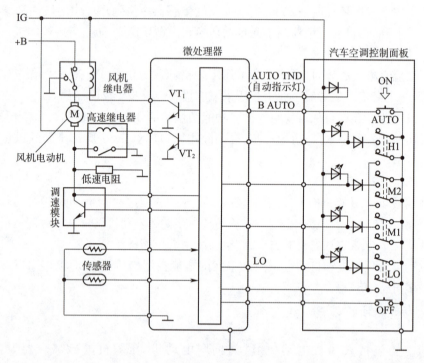

图4-5-10　风机转速控制电路

1) 低速

启动汽车空调系统后，微处理器发出风机工作信号，使晶体管 VT1 导通，风机继电器常开触点闭合，风机电动机通过低速电阻构成回路，风机维持最低转速。此种启动模式有利于风机平稳工作并防止损坏调速模块。当车内调速模块温度与设定温度接近或者人工设定时，亦维持最低转速。电流方向为：蓄电池→风机继电器→风机电动机→低速电阻→搭铁。

2) 高速

当车内温度与设定温度温差较大时，或者操作送风高速开关时，微处理器发出风机高速工作信号，使晶体管 VT2 导通，风机电动机通过高速继电器常开触点闭合构成回路，高速运转。电流方向为：蓄电池→风机继电器→风机电动机→高速继电器→搭铁。

3) 自动

在自动工作状态（或者人工设定）时，微处理器根据环境温度与设定温度的参数，发出控制信号，使调速模块晶体管以不同的角度导通，风机电动机无级变速，从而达到调节空气的目的。电流方向为:蓄电池→风机继电器→风机电动机→调速模块→搭铁。

4)时滞气流控制

该控制方式仅用于制冷,以防止在炎热时阳光下久停的汽车启动空调时放出热空气。此时控制面板上的 AUTO 开关接通,当 BI – LEVEL 开关按下时,气流方式设置在 FACE,或设置在 BI – LEVEL 时,启动压缩机工作采用时滞气流控制。

目前,较先进的风机调速电路采用的是脉冲控制全调速型。这种风机转速控制系统由微处理器根据系统送风量的要求,控制内部脉冲发生器,提供不同占空比的导通信号。调速模块中一般由大功率晶体管组成的驱动风机电路完成对其转速的无级调整工作。采用这类调速方式,既可以将功率损耗降至最低,又可以在一个很大的范围内实现无级调速的功能,是新一代控制器件的典型应用。

2.3.2 伺服电动机

自动空调伺服电动机主要有空气混合伺服电动机、出风模式控制伺服电动机、进气控制伺服电动机等组成(图 4-5-11)。空气混合伺服电动机控制冷暖风混合,实现车内温度的控制;进气控制伺服电动机可实现内外空气循环的切换;出风模式控制伺服电动机可实现自吹脸(FACE)、双层(B/L)、吹脚(FOOT)、吹脚除雾(F/D)、除雾等不同的出风方式。伺服电动机的控制内容不同,但工作原理相同。

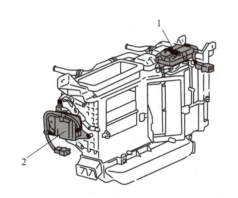 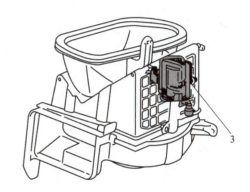

图 4-5-11 伺服电动机
1-空气混合控制伺服电动机;2-出风模式控制伺服电动机;3-进气模式伺服电动机

根据控制方式的不同,可以将伺服电动机分为以下五种。

(1)直流电动机 + 位置传感器。这种控制形式在早期车辆大量应用,主要用在福特、丰田、本田、三菱、早期日产等车型上。其结构如图 4-5-12 所示(其中位置传感器位于伺服电动机内部)。电脑控制电动机动作,电动机带动混合门移动,同时也带动传感器的移动触点,电脑通过该信号的变化给混合门定位。

改变设定温度,从最低(16℃)调节到最高(32℃),位置传感器 27 与 28 之间的电压应能均匀下降。当混合门伺服电动机从冷气侧移到暖气侧,27 与 28 之间的电阻应毫无间断的逐渐变小,见表 4-5-2。

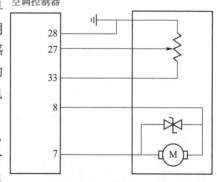

图 4-5-12 混合门电动机与空调控制器的电路

表 4-5-2 电阻变化

设定温度	电压(V)	电阻(kΩ)
最低	4	3.76～5.76
最高	1	0.94～1.44

(2)步进电动机。宝马、凌志等车型采用步进电动机来控制混合门,如图 4-5-13 所示,步进电动机具有自定位的功能,这种形式的空气混合伺服电动机没有位置传感器。这种步进电动机的测量主要以测量电阻为主,不同车型接头与电阻不大一样。凌志步进电动机标准电阻为 16～18Ω。

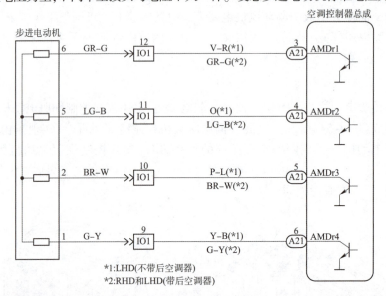

图 4-5-13　步进电动机与空调控制器的电路连接图

(3)混合门伺服电动机内含微芯片,通过 BUS(数据总线)与空调控制器通信。这种形式现在新款车型上普遍采用,如风度、奔驰、宝马等(图 4-5-14)。这种型号不能通过普通的方法检测。

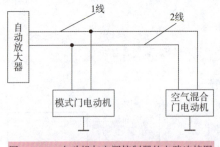

图 4-5-14　电动机与空调控制器的电路连接图

①检测 BUS 的供电电源、通信号电源,风度车型为 12V 和 5.5V。

②采用系统最小化。以风度为例,把接在同一 BUS 线上的模式门电动机拆下,若此时混合门正常,说明模式门电动机不良。

③把接在同一 BUS 线上的混合门拆下,若此时混合门正常,说明模式门电动机不良。否则,说明空调电脑不良。

(4)混合门内含微芯片,但不是通过 BUS(数据总线)与空调控制器通信,这种形式的伺服电动机主要用在通用车系上,如图 4-5-15 所示。

当驱动信号线上的电压为 2.5V;混合门不动;当电压为 5V,混合门朝冷的方向移动;当电压为 0V,混合门朝热的方向移动。当混合门伺服电动机从冷气侧移到暖气侧,线电压应从 4V(最冷)无间断的逐渐变小直到 1V(最热)。

(5)真空伺服电动机。这种型号的电动机应用在奔驰车上,结构比较简单,如图 4-5-16 所示。

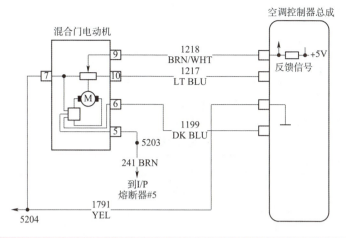

图 4-5-15 混合门含微芯片电动机与空调控制器的电路

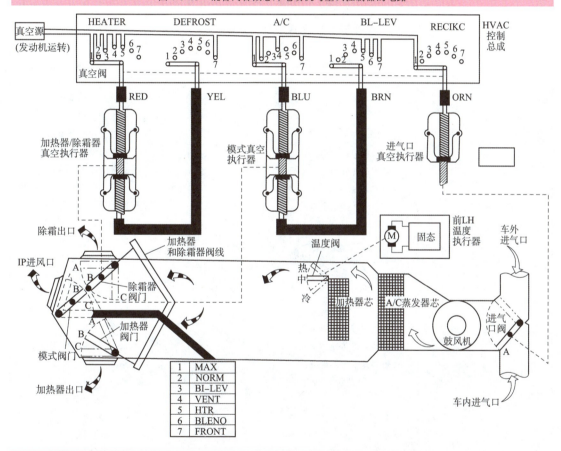

图 4-5-16 真空伺服电动机与空调控制器的电路连接图

3 任务实施

3.1 准备工作

阅读维修手册,制订测量及拆装更换方案,准备所需仪器设备和工具。

3.2 操作流程

3.2.1 自动空调无故障码故障检查

在检查故障码时,如果无故障码显示,但故障还是重复出现,则可按表4-5-3给定的顺序检查有关电路,而自动空调后部无故障码故障可按表4-5-4进行检查;如果电路正常,但故障重复出现,应检修或更换汽车空调控制器总成(包括ECU)。

自动空调无故障码故障检查表　　　　　表4-5-3

故障现象	故障部位	故障现象	故障部位
鼓风机不工作	1. 备用电源电路; 2. IC电源电路; 3. ACC电源电路; 4. 加热器主继电器电路; 5. 冷却液温度传感器电路; 6. ECU汽车空调控制总成	输出空气比设定温度更热或更冷或响应慢	1. 制冷剂数量; 2. 传动皮带张紧度; 3. 汽车空调系统制冷剂压力; 4. 冷却风扇系统; 5. 水阀; 6. 日光传感器电路; 7. 车内温度传感器电路; 8. 环境温度传感器电路; 9. 蒸发器温度传感器电路; 10. 冷却液温度传感器电路; 11. 极高速继电器电路; 12. 进气风挡位置传感器电路; 13. 空气混合风挡位置传感器电路; 14. 空气混合伺服电动机电路; 15. 冷凝器; 16. 储液干燥器; 17. 蒸发器; 18. 加热器芯; 19. 膨胀阀; 20. ECU汽车空调控制总成
没有鼓风机控制	1. 备用电源电路; 2. 鼓风机电动机电路; 3. 功率晶体管电路; 4. ACC电源电路; 5. 加热器主继电器电路; 6. 冷却液温度传感器电路; 7. ECU汽车空调控制总成		
没有温度控制(最冷或最暖)	1. 车内温度传感器电路; 2. 环境温度传感器电路; 3. 极高速继电器电路; 4. 进气风挡位置传感器电路; 5. ECU汽车空调控制总成		
没有气流模式控制	1. 模式伺服电动机电路; 2. 最冷伺服电动机电路; 3. ECU汽车空调控制总成		

续上表

故障现象	故障部位	故障现象	故障部位
没有冷气	1. 制冷剂数量； 2. 传动皮带张紧度； 3. 汽车空调系统制冷剂压力； 4. 压缩机电路； 5. 压力开关电路； 6. 压缩机锁止开关电路； 7. 极高速继电器电路； 8. 进气风挡位置传感器电路； 9. 车内温度传感器电路； 10. 环境温度传感器电路； 11. 点火器电路； 12. ECU 汽车空调控制总成	没有暖气	1. 水阀； 2. 极高速继电器电路； 3. 进气风挡位置传感器电路； 4. 车内温度传感器电路； 5. 环境温度传感器电路； 6. 蒸发器温度传感器电路； 7. ECU 汽车空调控制总成
		没有进气控制	1. 空气混合风挡位置传感器电路； 2. 空气混合伺服电动机电路； 3. ECU 汽车空调控制总成
发动机怠速不提升或不持续	1. 压缩机电路； 2. ECU 汽车空调控制总成	故障码没有被储存或关闭点火开关时设定模式被清除	1. 备用电源电路； 2. ECU 汽车空调控制总成
气流不足	加热器主继电器电路		

自动空调后部无故障码故障检查表　　　　　　　　表4-5-4

故障现象	故障部位	故障现象	故障部位
后鼓风机不工作	1. 后鼓风机电动机电路； 2. 后空调控制开关电路； 3. ECU 汽车空调控制总成	没有后期流模式控制	1. 后汽车空调控制开关； 2. ECU 汽车空调控制总成
没有后鼓风机控制	1. 后鼓风机高速控制电路； 2. 后鼓风机低速控制电路； 3. 烟雾传感器电路； 4. 后空调控制开关电路； 5. ECU 汽车空调控制总成	没有后期最大气流控制	1. 后最大气流开关电路； 2. 中央通风伺服电动机电路； 3. 侧通风伺服电动机电路； 4. ECU 汽车空调控制总成
后面没有冷气	1. 后汽车空调电磁阀电路； 2. ECU 汽车空调控制总成	后汽车空调控制指示灯工作不正常	1. 后空调控制指示灯电路； 2. ECU 汽车空调控制总成
后面输出的空气比设定温度更热或更冷或响应慢	1. 后汽车空调电磁阀电路； 2. 后蒸发器； 3. 后膨胀阀； 4. ECU 汽车空调控制总成	后最大气流控制指示灯工作不正常	1. 后最大气流控制指示灯电路； 2. ECU 汽车空调控制总成

3.2.2 自动空调有故障码的检查

1)通过指示灯读取

(1)接通点火开关,同时按下用于汽车空调控制的 AUTO 开关和 REC 开关。

(2)检查指示灯应每秒钟连续亮、灭 4 次。

(3)检查指示灯亮时,蜂鸣器应同时发出声音。

(4)指示灯检查结束后,自动进入故障码检查,要取消检查模式时,按下 OFF 键即可。

2)故障码读取

(1)指示灯检查完成后,系统自动进入故障码检查模式,读取温度显示器上显示的故障码。如果想要分步显示,可按下∧键,每次∧键被按下,显示器就变化一步。故障码按从小到大的代码数字顺序显示。

(2)故障码显示时,如果蜂鸣器发出声音,表明故障是现时故障,否则表明故障是以前的故障。

(3)环境温度为 -30℃或更低时,即使系统正常,故障代码也可能被输出。

(4)如果检查在黑暗的地方进行,故障码 21 可能显示。在这种情况下,在日光传感器上点亮一盏灯进行故障码检查。如果故障码 21 仍显示,说明日光传感器电路有故障,应检查日光传感器电路。

(5)压缩机锁止(故障码 22)仅作为现时故障被显示。可按下列步骤确定故障码 22:在发动机工作的同时,进入故障码检查模式;按下"内循环"键,进入执行器检查模式;按下 AUTO 键,返回到故障码检查模式;约 3s 后故障码显示。

3.3 操作提示

故障码读取不准确时,可进行多次读取。

复习与思考题

1. 自动空调有哪些传感器参与控制工作?
2. 蒸发器表面温度传感器主要影响哪个执行器的工作?
3. 自动空调的功能是什么?
4. 自动空调风门模式主要通过什么方式控制?

任务6 汽车空调电路分析

1 任务引入

不同的车型,空调控制方式会有差异,主要体现在冷凝风扇控制、压缩机控制电路上。

2 相关理论知识

汽车空调控制电路是汽车空调的重要组成部分,当汽车空调电路系统中的熔断器、继电器或连接线路等出现故障后,常常会导致系统出现压力异常、压缩机不工作等故障。

由于各制造厂家的设计不同,汽车空调控制电路也不尽相同,但其基本原理则是相同的。

2.1 手动空调电路分析

2.1.1 桑塔纳手动空调控制电路分析

桑塔纳2000型轿车手动空调控制电路如图4-6-1所示。它主要由电源电路、电磁离合器控制电路、鼓风机控制电路和冷凝器冷却风扇控制电路等组成。

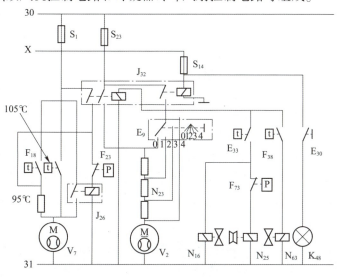

图 4-6-1　桑塔纳2000手动空调控制电路

1）电源电路

电源路由蓄电池"30"、点火开关、"X"继电器以及熔断丝组成。

"X"继电器的作用是当点火开关在起动挡（ST挡）时，中断空调系统等附属电器的工作，以保证发动机起动时足够大的电流。发动机起动结束后将自动接通"X"线电路。

接通点火开关（ON）挡，"X"继电器线圈通电，触点闭合，"X"电源线通电，经熔断丝 S14 给空调主继电器 J32 中的 2 号继电器线圈供电，使其触点闭合，接通了鼓风机电动机 V2 的供电回路。

2）鼓风机电路

空调主继电器 J32 中的 2 号继电器触点的闭合，接通了蓄电池供电"30"经 S23 熔断丝至鼓风机开关 E9 的供电电路，鼓风机便可在开关 E9 控制下运转。鼓风机开关 E9 在不同的挡位时，鼓风机电动机 V2 的供电回路中串入调速电阻的个数也不同，因而可得到不同的送风速度。鼓风机电动机 V2 的供电回路为：蓄电池"+"熔断丝 S23→主继电器 J32 中的 2 号继电器触点→鼓风机开关 E9→鼓风机调速电阻 N23→鼓风机电动机 V2→搭铁。

3）压缩机电路

夏季制冷时，接通空调 A/C 开关 E30，电流从蓄电池"+"极→"X"继电器 J59→熔断丝 S14→空调 A/C 开关 E30，并联成两条电路。

电路一：经空调 A/C 开关 E30 至指示灯 K46 构成回路，当指示灯 K46 亮时，表示空调 A/C 开关接通。另一路通向环境温度开关 F38，经环境温度开关 F38 后分成三条并联支路：

第一支路：经新鲜空气翻转电磁阀 N63 构成回路，该电磁阀为两位三通电磁阀，接通新鲜空气翻板真空驱动器的真空通路，切换通风模式为内循环模式，加快车厢内的制冷速度。

第二支路：经蒸发器温控开关 E33 提供电磁离合器 N25 和怠速提升电磁阀 N16 的供电。只有当蒸发器温度高于规定温度时,温控开关 E33 触点才接通,电磁离合器工作,压缩机运转制冷,同时怠速提升电磁阀 N16 动作,使发动机怠速提升,保证有足够的动力驱动压缩机工作。低压开关 F73 串联在蒸发器温控器 E33 和电磁离合器 N25 之间的电路中,当制冷系统严重缺乏制冷剂使系统高压侧压力低于 0.2MPa 时,低压开关 F73 触点断开,压缩机将停止运转。

第三支路:经主继电器 J32 的 1 号继电器线圈形成回路,主继电器两对触点吸合,其中一对触点用于控制冷凝器冷却风扇继电器 J26,另一对触点则用于控制鼓风机 V2 的最低速运转供电。

4) 散热风扇电路

高压开关 F23 串联在继电器 J26 和主继电器 J32 的 1 号继电器的触点之间,当制冷系统高压侧压力低于 1.5MPa 时,高压开关 F23 触点断开,电阻 R 串联在冷凝器冷却风扇电动机 V7 的供电回路中。冷却风扇电动机 V7 低速运转;当制冷系统高压侧管路压力高于 1.5MPa 时,高压开关 F23 触点接通,继电器 J26 线圈通电,触点闭合,电阻 R 被短接,冷却风扇电动机 V7 高速运转以加强冷凝器和发动机的冷却强度。主继电器 J32 中的 1 号继电器还控制鼓风机的一对触点,当空调开关接通时,该触点即闭合,此时若鼓风机开关 E9 未接通鼓风机电路,鼓风机电动机 V2 将通过该对触点获得电压,从而以低速旋转,可防止当接通空调开关 A/C,而忘记接通鼓风机电路时,无空气流过蒸发器表面,引起蒸发器表面温度过低而结冰。

2.1.2 北京现代伊兰特轿车手动空调控制电路分析

伊兰特轿车手动空调与桑塔纳 2000 型轿车手动空调对比,其采用了空调模块控制,冷暖温度控制风门、内/外循环风门以及配气模式风门采用了电动机控制。电路如图 4-6-2 所示。它主要由电磁离合器控制电路、鼓风机控制电路和冷凝器冷却风扇控制电路等组成。

1) 压缩机控制电路

空调控制单元接收蒸发器温度传感器及压力传感器的信号,将空调开启 ON 信号以及空调压力信号发送给发动机 ECM 模块,发动机 ECM 根据发动机的运行状态,接通压缩机继电器线圈的工作电路。压缩机继电器线圈与发动机喷油器共用一个 15A 的保险丝,该保险给继电器线圈通电后经 ECM 控制搭铁,继电器工作,接通压缩机的工作电路,电流由常供电→继电器触点→压缩机磁离合器→搭铁。压缩机运行,空调制冷系统开始工作。

空调控制面板中的冷暖开关、内外循环开关、配气模式开关将信号发送至空调控制单元,空调控制单元直接控制冷暖温度控制风门、内/外循环风门以及配气模式风门电动机的正转和反转,实现各个风门不同位置的控制,再通过反馈信号反馈至空调控制单元,确信风门位置。

2) 鼓风机控制电路

如图 4-6-2 所示,鼓风机控制电路主要由鼓风机、鼓风机继电器、鼓风机电阻器以及安装于空调控制模上的鼓风机开关组成。

接通点火开关,"ON"供电端经空调 10A 保险丝分别给空调控制模块和空调继电器线圈供电。空调继电器触点闭合。电流从常供电端经鼓风机 40A 保险丝→鼓风机继电器触点→鼓风机→鼓风机电阻器→鼓风机开关→搭铁。通过鼓风机开关控制串入至鼓风机电路中电阻值的不同来实现鼓风机的转速变化。

2.2 (半自动)手动空调控制电路分析

在大众轿车 POLO 上首次采用自动调节温度的半自动空调系统,其控制原理如图 4-6-3 所示。驾驶员通过空调操作面板的温度选择旋钮设定相应温度值,汽车空调将车厢温度自动的调节至该温度。但空气分配与鼓风机出风风速挡位需通过手动调节。

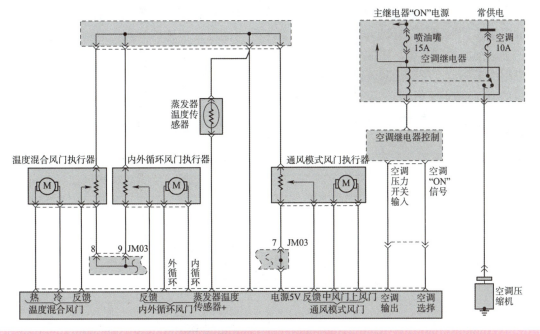

图 4-6-2 现代伊兰特手动空调鼓风机电路

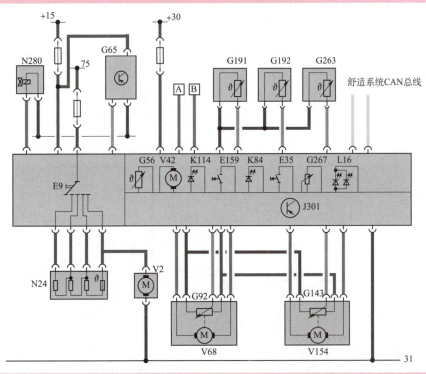

图 4-6-3 POLO 半自动空调电路

E9-新鲜空气鼓风机开关；E35-空调器开关；E159-新鲜/循环空气翻板开关；G56-仪表板温度传感器；G65-高压传感器；G92-温度翻板伺服电动机电位计；G143-循环空气翻板伺服电动机内的电位计；G191-中部出风口温度传感器；G192-脚部空间出风口温度传感器；G263-蒸发器出风口温度传感器；G267-温度选择旋钮电位计；J301-空调器控制单元；K84-空调器指示灯；K114-新鲜和循环空气运行模式指示灯；L16-新鲜空气调节装置照明灯；N24-带过热保护装置的新鲜空气鼓风机的串联电阻；N280-空调器压缩机调节阀；V2-新鲜空气鼓风机；V42-温度传感器鼓风机；V68-温度翻板伺服电动机；V154-新鲜/循环空气翻板伺服电动机

为了实现车厢内温度的调节，与装有空调控制单元的手动空调相比，增加了中央面部出风口的温度传感器、脚部出风口温度传感器以及车厢内的温度传感器。执行器增加了温度混合风门翻板伺服控制系统。压缩机采用了装有排量调节阀，无电磁离合器的外部调节式压缩机，可以根据车厢温度调节的需要改变压缩机的排气量调节，既满足了温度调节需求，又降低了发动机的能耗，节约了燃料。

2.3 全自动空调控制电路分析

宝马3系轿车部分车型采用了高级型的全自动空调控制系统，如图4-6-4所示。与基本型的全自动空调对比，可实现前排座椅左、右温区的独立控制以及面部和脚部出风的分层控制，实现不同的区域可调节至不同的温度，满足不同乘员的需求。这样细致化的对空调进行控制，使乘员的驾乘舒适性进一步提高。传感器主要有：

制冷剂压力传感器——由前部电子模块供5V的基准电压，经前部电子模块内部搭铁，根据制冷剂的压力变化可产生0.4~4.6V的电压变化，传输至前部电子模块，最后利用K-CAN舒适总线将信号传输至空调控制单元。

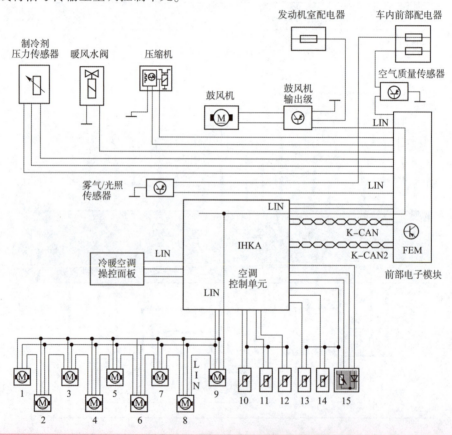

图4-6-4　宝马全自动空调电路
1—左侧混合出风口；2—右侧混合出风口；3—内外空气再循环；4—右前分区；5—左前分区；6—温度、空气数量、后排乘客舱；7—右侧腿部空间；8—左侧腿部空间；9—除霜；10—蒸发器温度传感器；11—右前脚空间温度传感器；12—左前脚部空间温度传感器；13—左侧通风温度传感器；14—右侧通风温度传感器；15—前部通风分区电位计

空气质量传感器——由KL-15通过车内配电盒供电，根据空气质量变化产生的信号通过内部模块由LIN总线传送至前部电子模块，利用K-CAN舒适总线将信号传输至空调控制单元。

雾气及光照传感器——通过 KL-30 获取供电,雾气传感器只在自动恒温空调的自动程序中激活,如果雾气传感器失效,空调控制单元将不会执行用于避免车窗水雾的自动程序。由 LIN 总线传送至前部电子模块,利用 K-CAN 舒适总线将信号传输至空调控制单元。

左右脚部出风口温度传感器、左右面部出风口传感器、蒸发器表面温度传感器——均采用负温度系数热敏电阻,由空调控制单元提供 5V 基准电压,空调控制单元中的微处理器对各温度传感器的对数特性线进行线性处理计算实际温度。

控制单元主要由空调控制单元、前部电子模块控制单元、发动机控制单元等组成。执行器主要由压缩机、鼓风机及鼓风机控制器、通风配气步进电动机模块(根据自动空调的配置不同,电动机一般为 4~13 个)、冷凝器散热风扇组成。

压缩机、暖风水阀由前部电子模块进行控制;鼓风机及鼓风机控制单元、通风配气步进电动机模块由空调控制单元通过 LIN 线直接控制;冷凝器散热风扇则由发动机控制单元根据空调制冷信号及发动机的工作状态进行控制。

开启空调自动功能时,通过 LIN 线将空调控制面板的"AUTO"信号输送至空调控制单元,控制单元检测各个传感器信号,制冷剂压力信号、空气质量传感器信号由车内前部配电盒模块经 K-CAN 传输至空调控制单元,其他温度传感器信号直接传送至空调控制单元。空调控制单元计算各传感器信息,设置所需的温度、出风风速及出风模块,空调调节到所需的温度,将空调控制单元将空调压缩机开启信号发送至车载网络,发动机电脑根据发动机的工作状态控制散热风扇工作;FEM 前部电子模块控制压缩机的工作,FEM 给压缩机电磁离合器及调节电磁阀供电,鼓风机由空调控制单元直接由 LIN 线通过鼓风机输出级进行控制;通风配气步进电动机模块同样也采用 LIN 线进行控制。空调控制单元连续不断的匹配各温度反馈参数及通风配气步进电动机位置,精确地控制鼓风风扇功率及各步进电动机,实现了空调的自动控制。

复习与思考题

1. 手动空调控制电路工作原理是什么?
2. 宝马自动空调控制电路工作原理是什么?
3. 自动空调系统的功能有哪些?
4. 自动空调系统有哪些常用传感器?如何对其进行检测?
5. 自动空调系统包括哪些执行元件?如何对其进行检测?

知识点小结

1. 无论是手动空调还是自动空调,其控制电路主要包括压缩机控制电路、鼓风机控制电路、冷凝器控制电路。

2. 自动空调和手动空调的区别主要在控制方式上,而其基本装置是一样的。因此,当自动空调系统出现故障时,可按手动空调的维修方法进行处理,先检查其基本装置有无故障,然后再检查电子控制系统。这样,先易后难,能够比较快地确认故障所在。

3. 在自动空调系统中,一般空调 ECU 和传感器出现故障的可能性较小,而制冷系统产生故障的可能性比较大,电路连接方面的故障率次之。

4. 对于制冷系统故障,可采用与手动空调一样的办法进行处理。对于电路故障,则可通过其故障自诊断系统,采用读取故障码的方法进行诊断。同时,也可根据电路图进行查找确认。

项目 5 汽车空调制冷系统检测

概述

汽车空调系统维修就像医生给病人看病一样,通过望(察看系统、设备表面现象)、闻(听系统的运行声音)、问(咨询客户故障的发生状态)、切(利用各种检测设备进行系统检测)进行故障诊断。本项目将详细讲解汽车空调检修所应用的各种专用工具的使用方法,以及空调系统的压力检测、泄漏检测、空调制冷剂回收、净化、加注工艺规范系统等知识。

任务1 汽车空调检修专用仪器及设备

1 任务引入

在汽车空调的维修过程中,除了使用传统的工具之外,还要用到一些专用维修设备,如歧管压力表、真空泵、检漏仪、制冷剂回收及加注机等。这些维修工具主要用于空调系统的检修、诊断以及测试,所以要求掌握它们的特点及使用方法。

2 相关理论知识

2.1 歧管压力表组

2.1.1 歧管压力表结构

歧管压力表组件是维修汽车空调系统必不可少的重要设备,能完成空调系统维修的基本作业,如检测空调制冷系统高、低压侧的压力,以及抽真空、加注冷冻机油、加注制冷剂等都离不开歧管压力表组件装置。汽车空调系统故障的诊断与排除也需要此设备,其组成如图5-1-1所示。

图 5-1-1 歧管压力表组

歧管压力表由2个压力表(蓝色低压表和红色高压表)、2个手动阀(红色高压手动阀和蓝色低压手动阀)、3个软管接头(蓝色低压软管、红色高压软管、黄色连接制冷剂罐或真空泵吸入口的维修软管)、2个连接适配器(一个连接车辆低压维修阀,一个连接车辆高压维修阀)组成。

红色压力表用于检测制冷系统高压侧的压力,蓝色压力表用于检测低压侧的压力。低压侧压力表既能显示低压侧的压力,又能显示真空度。两个压力表都装在阀体上,阀体的两端各有一个手动阀,下部有3个通路接口,分别连接红、蓝、黄三根维修软管。

压力表阀内用软管是氯丁耐氟橡胶软管,它属于多层结构。里层是柔软而质地紧密的氯丁橡胶层,光滑无气孔,能承受一定的压力,高压软管耐压3.5MPa以上,低压软管耐压1.6MPa破裂压力高达13.8MPa。

2.1.2 歧管压力表的使用

1)双阀门关闭检测系统压力

当高压手动阀门和低压手动阀门同时关闭时,可对高压侧和低压侧进行压力检查,检测制冷系统的高、低压侧的压力,如图5-1-2a)所示。

2)双阀门全开启抽真空

当高压手动阀门和低压手动阀门同时全开时,全部管路接通,在中间接上真空泵,便可以对制冷系统进行抽真空作业,如图5-1-2b)所示。

3)单阀门打开做充注

当高压手动阀门关闭,低压手动阀门打开,中间接头接到制冷剂上或冷冻机油瓶上,则可以从低压侧向系统充注制冷剂和冷冻机油,如图5-1-2c)所示。若高压手动阀门打开,低手动阀门关闭,则可以从高压侧充注制冷剂,加注制冷剂如图5-1-2d)所示。当低压手动阀门关闭,高压手动阀门打开时,还可以使系统放空,排出制冷剂(注意:根据环保要求,制冷剂不允许排放到大气中,必须由专用的回收设备回收)。

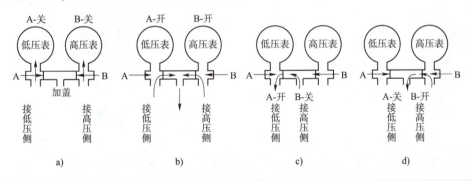

图5-1-2 歧管压力表手动阀门状态

歧管压力表是一件精密仪表,必须细心维护,不得损坏,且要保持清洁。不使用时,将软管与接头连起来,防止灰尘、杂物及水分进入管内。使用后,要把管中的空气及制冷剂排出。压力表接头与软管连接时,只能用手拧紧,不能用工具拧紧。R12与R134a不可使用同一个歧管压力表组。

2.2 真空泵

真空泵(图5-1-3)是汽车空调制冷系统维修后抽真空所不可缺少的设备,在安装或维修后,充注制冷剂之前必须对制冷系统进行抽真空,去除系统内的空气和水分等有害物质。否则,制冷系统中的空气或水分会引起系统压力升高或膨胀阀冰堵,影响空调系统的正常工作。常用的真空泵有滑阀式和刮片式两种。刮片式真空泵工作时,弹簧弹力将两只刮片紧在气缸壁上,以保证其密封性。定子上的进、排气口被转子和刮片分隔成两部分,当转子旋转时,一方面周期性地把进气口附近容积逐渐扩大而吸入气体;另一方面又逐渐缩小排气口附近的容积,将吸入的气体压出排气阀,从而达到抽真空的目的。

图 5-1-3　真空泵

2.3　风速计

2.3.1　风速计的结构

风速计主要用于测量空调出风口的风速,检测鼓风机性能,其组成如图 5-1-4 所示。

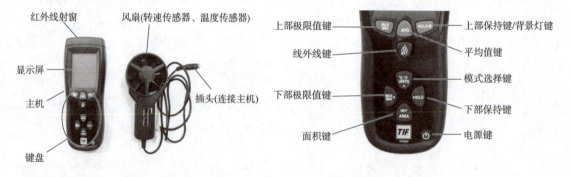

图 5-1-4　风速计

电源键:开机/关机。

红外线键(IRT 键):启用红外线温度测试功能。

上部极限值键(上部 MAX/MIN 键):记录、储存测量点(风扇)温度最高值、最低值。

下部极限值键(下部 MAX/MIN 键):记录、储存风速或流量值的最高值、最低值、持续移动平均值。在面积(AREA)模式下,该键具有左翻页功能。

模式选择键(UNITS 键):选择操作模式。在流量(FLOW)模式下,仪器显示出风流量。在速度(VEL)模式下,仪器显示风速。在面积(AREA)模式下,该键具有上翻页功能。

平均值键(AVG 键):在流量模式或风速模式下,获得各测量点的平均值。

面积键(AREA 键):按下将保持该键,进入 AREA 模式或 CMM 模式。当记录 MAX/MIN/AVG 值时,按该键清除以前的数值。

保持键(HOLD 键):按下该键,冻结数据;再按一下该键,解冻数据。按住该键,背景灯点亮。

2.3.2 风速计的使用

(1)测量风速和流量。

按电源键开机,在显示屏的中部,显示上次使用的风速模式或流量模式。温度值显示在显示屏的左上角部位。按 UNITS 键,选择风速模式(VEL)或流量模式(FLOW),以及单位,建议选择:模式为 VEL,单位为 m/s。将风扇放在空调出风口处,读取数值。

(2)持续移动状态下的平均值。

将风扇置于空调出风口处,点按下部 MAX/MIN 键,直到 AVG 显示在显示屏的下部。仪器显示持续出风的平均值。

(3)单个部位的最大值/最小值/平均值。

将风扇置于空调出风口处,点按下部 MAX/MIN 键,直到 AVG 显示在显示屏的下部。仪器显示持续出风的平均值,在移动风扇之前按 HOLD 键,仪器将记录和储存数值。

2.4 检漏仪

2.4.1 电子式卤素检漏仪

电子检漏仪是根据卤素原子在一定的电场中极易发生电离而产生电流的原理制成的。电子检漏仪的工作原理如图 5-1-5 所示。有一对电极,加热由铂金做的阳极,并在它附近放个阴极。这对电极放在空气中时,由于空气的电离度很低,检测电路不通,电流表没有电流指示。当有制冷剂气体流经阳极与阴极之间时,在催化下迅速电离,电路中有电流通过,制冷剂浓度越大,电离越大,电路的电流也越大。这些可以通过串联在回路中的电流表反映出来,也可以由蜂鸣器的声音大小反映出来,由此检测出制冷剂气体的浓度,从而达到检漏的目的。

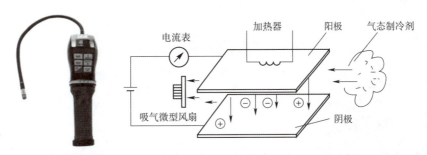

图 5-1-5 电子卤素检漏仪

2.4.2 荧光式检漏仪

荧光式检漏仪主要由荧光剂、荧光剂注射枪、荧光剂注射管、黄色的滤光眼镜、紫外线射灯、荧光剂清洗液组成。其外观如图 5-1-6 所示。其原理是将荧光剂注射到空调系统中随制冷剂流动,当制冷剂泄漏时,荧光剂也一并泄漏,制冷剂挥发而荧光剂则遗留在泄漏点,用紫光灯照射后,佩戴滤光镜发出黄绿色的荧光点时,即为泄漏位置。

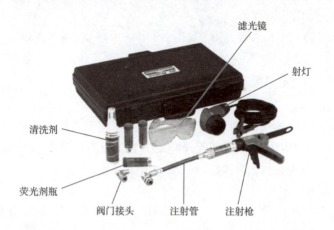

图 5-1-6 荧光式检漏仪组成

2.5 制冷剂纯度鉴别仪

制冷剂纯度鉴别仪是一种可以鉴别制冷剂成分的仪器,可以检测到包含 R12、R22、R134a、HC 及 AIR 在内的五种气体的浓度,并能判断判断是否为单一制剂,达到回收再利用要求。图 5-1-7 所示为制冷剂纯度鉴别仪外观及功能。

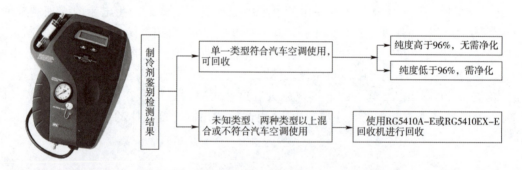

图 5-1-7 制冷剂纯度鉴别仪外观及功能

3 任务实施

3.1 准备工作

阅读维修手册,制定检修方案,准备所需仪器、设备和工具(实训车辆、空调实验台 1 台、歧管压力表组、风速仪、检漏仪等)。

3.2 操作流程

3.2.1 汽车空调系统高低压侧压力检测

(1)车辆或台架安全工作准备及检查;
(2)开启制冷系统,按照表 5-1-1 所示步骤顺序操作,测量高低压侧压力并记录。

空调系统压力检测步骤表　　　　　表 5-1-1

1	车辆准备	发动机起动		发动机怠速	
		发动机加速		仪表状况	
		故障指示灯			
2	空调工作状况	空调开启		操作面板	
		出风口状况		鼓风机状况	
		冷却风扇状况			
3	检测前准备	空调开启		风量最大	
		温度最低		车窗落下	
		发动机转速维持 1500r/min 至少 3min			
4	歧管压力表准备	高压管路连接		低压管路连接	
		高压阀门关闭		低压阀门关闭	
		高压维修阀确认		低压维修阀确认	
5	连接	高压管路连接			
		低压管路连接			
6	压力值读数	高压侧压力			
		低压侧压力			
7	系统正常压力值	高压侧压力			
		低压侧压力			
8	结果判定				

3.2.2　汽车空调系统出风风速检测

（1）车辆或台架安全工作准备及检查；

（2）开启制冷系统，按照表 5-1-2 所示步骤顺序操作，测量鼓风机不同挡位下风速并记录。

空调鼓风机风速检测步骤表　　　　　表 5-1-2

1	车辆准备	发动机起动		发动机怠速	
		发动机加速		仪表状况	
2	设备准备	开启鼓风机			
		正确连接风速仪检测线			
		开机调节风速模式 VOL			
3	参数测量	选择中央出风模式			
		从中央出风口检测风速			
		鼓风机低速风速			
		鼓风机低速风速			
		鼓风机低速风速			
4	判断	正确判断鼓风机工作是否正常			
5	整理	整理设备并归位			

3.3 操作提示

检测鼓风机时,若鼓风机有固定挡位,应逐挡检测,对于无级调速的鼓风机,只检测低速、中速和高速三个挡位风速即可。

 复习与思考题

1. 试述歧管压力表的结构与使用方法。
2. 试述真空泵的工作原理。
3. 试述风速计的结构与使用方法。
4. 试述检漏仪的常见类型。
5. 试述制冷剂纯度鉴别仪的功能。

任务 2　汽车空调制冷系统检漏方法

1 任务引入

在汽车空调的使用过程中,一些汽车的空调制冷性能变差,多是由于制冷剂泄漏引起的。制冷系统泄漏的位置多为管路连接处,如膨胀阀与管路连接处,金属管与橡胶软管连接处、制冷剂充注阀、压缩机与管路连接处,压缩机轴封及冷凝器等。一些泄漏点容易观察,如制冷剂管路,压缩机壳体等可直视观察;一些泄漏点不容易观察,如蒸发器表面、冷凝器与发动机散热水箱接触面等都无法用眼睛直视;遇到缓慢泄漏时,泄漏位置的查找是维修技师较为头痛的一件事。

2 相关理论知识

根据泄漏位置以及泄漏速度的不同,应采用不同的检漏方法。常用的检漏方法主要有以下几种。

方法一:目视检漏法,观察管路接头或者部件表面是否有油污,判断是否存在制冷剂泄漏。

方法二:电子检漏仪检漏法,利用制冷剂专用电子检漏设备探测管路是否存在泄漏。

方法三:加压检漏法,对制冷系统充入氮气进行加压后保压泄漏测试。

方法四:荧光检漏法,对空调管路中加入荧光剂进行检漏。

方法五:真空检漏法,对空调系统进行抽真空后的保压泄漏测试。

2.1 目视检漏法

由于空调系统内的冷冻油与制冷剂溶解在一起,所以当有制冷剂泄漏时,冷冻油也一并泄漏,制冷剂挥发,而冷冻油则遗留在泄漏部件上,所以会有油渍存在。通过目视检查各个部件及管路的连接处是否有油渍,如果有油渍产生,说明此处可能会有泄漏,再通过喷洒泡沫剂至疑似泄漏点观察是否有气泡产生进行辅助判断。

特别注意的一点就是,并不是所有的泄漏都会有油渍产生,当制冷剂泄漏量非常小时,只有少量的制冷剂泄漏,冷冻油泄漏量微乎其微,这样几乎就没有油渍产生的。因此,这种检漏方法只能粗略地进行检查,不能保证一定能找到泄漏位置。

2.2 电子检漏仪检漏法

2.2.1 电子检漏仪使用说明

图 5-2-1 所示为电子式卤素检漏仪操作面板按键功能。

静音键——按下静音键不再声音报警,而是 LED 灯闪烁。声音的大小反映出泄漏的大小和强弱(浓度)。

重设键——利用该键可以找到泄漏的源头。当检测到泄漏时按下该键,继续检测,直到检测到比原来浓度更大的地方才会再次报警,这样一步步进行下去即可精确地找到泄漏的源头。

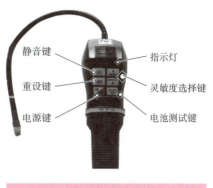

图 5-2-1 电子检测仪面板功能

电源键——用于打开和关闭仪器。

灵敏度选择键——用于调高灵敏度,分为 7 个等级,等级越高,LED 灯亮的数目越多。

灵敏度选择键——用于调低灵敏度,分为 7 个等级,等级越低,LED 灯亮的数目越少。

电池测试键——按下电池测试键,指示灯点亮的颜色表示着不同的电池电量,具体如图 5-2-2 所示。

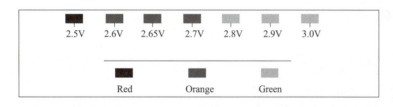

图 5-2-2 电子卤素检测仪电量指示

另外,LED 灯还有两项重要功能:

(1)显示电池电量,最左边的灯是常亮的,绿色表示电量充足,橙色表示不足,红色表示立即更换。

(2)显示泄漏的大小和强弱,显示绿色表明泄漏较小,橙色表明泄漏一般,红色表示泄漏很大,如图 5-2-3 所示。

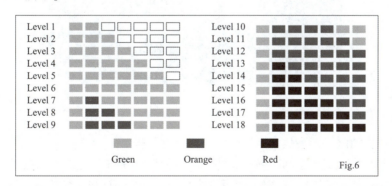

图 5-2-3 LED 灯显示泄漏大小的强度

2.2.2 检漏流程

(1)按电源键开机后按灵敏度选择键,调节检漏灵敏度,调整至使第一个 LED 灯点亮,其他 LED 灯熄灭,仪器发出频度不高的声音为最佳灵敏度状态。

(2)将仪器的探头指向被检区域(不要接触),若点亮的 LED 灯增多,声音频率增高,则说明有泄漏现象。

(3)利用重设键可以找到泄漏的源头。当检测到泄漏时按下该键,继续检测,直到检测到比原来浓度更大的地方才会再次报警。

2.3 加压检漏法

蒸发器安装于仪表板下方,无法采用电子检漏仪进行泄漏检查,可通过排空系统内的制冷剂后对空调系统加压的方法进行检漏。此方法需采用带压力减压阀的氮气瓶,与车型相匹配的连接装置,将设备连接完成后,打开氮气阀门,向空调系统内加注约 1.5MPa 的压力。注意:此时加注压力应缓慢进行,以防止由于加注过快对系统造成损坏,关闭氮气瓶阀门。通过泡沫剂均匀地喷洒在疑似泄漏部位,如果看到有气泡产生,就表明此处存在泄漏;如果没有气泡产生,则继续检查。泄漏点可能在无法用眼睛直视的冷凝器或蒸发器处。利用专用连接装置将冷凝器或蒸发器单独连接至氮气瓶,单独使用保压法进行泄漏检查。向冷凝器或蒸发器内加注约 1.5MPa 的压力,在 20min 的检测时间内,压力下降不能超过 0.1MPa,否则即为泄漏。

2.4 荧光检漏法

2.4.1 荧光检漏仪的使用

(1)从包装袋中取出荧光剂瓶,撕开荧光剂瓶的封口,将荧光剂瓶装在注射枪和注射管之间。注射管前部已装好阀门接头。

(2)按压注射枪,使注射枪压紧荧光剂瓶的活塞。若需要释放荧光剂瓶,可扳动注射枪侧部的黑色拨杆。

(3)在向制冷管路加注荧光剂之前,确保管路中无压力(释放掉制冷剂或已抽完真空)。

(4)将注射管的阀门接头装在车辆的低压阀门上。按压注射枪,推进一格,使荧光剂注入管路中(图 5-2-4)。

图 5-2-4 加注荧光剂

(5)将注射管的阀门接头从车辆的低压阀门上拆下来。

(6)向空调制冷系统加注制冷剂,加注完成后,使用清洗剂将低压阀门处的荧光剂清洁干净,确保发动机舱内没有荧光剂。不然稍后的检测可能会造成误判断,应着重清洁因移除维修软管而遗漏在维修阀周边的荧光剂。

(7)起动发动机,打开空调系统,空调压缩机运转 10min 以上,使荧光剂充分循环。

(8)将射灯的电源夹连接在蓄电池上。按压射灯的开关,射灯应有光射出。

(9)戴上滤光镜。用紫外线射灯照射需要检查的部件及管路,主要检查部位有:
①所有使用密封垫圈或O形圈的接头或连接处;
②所有空调零部件;
③空调压缩机轴密封处;
④空调软管和压力开关;
⑤高低压检修端口。

若发现有黄绿色的痕迹(荧光剂渗出)(图5-2-5),说明此处有漏点。

如果30min后还是不能确认故障部位,让客户使用一段时间,等到制冷性能变差后,再来荧光检查,这时的检查效果会更好。

蒸发器表面是否有泄漏,可通过观察流出蒸发器冷凝水的颜色来进行判断。这是因为荧光剂在蒸发器表面泄漏后,会随前些蒸发器表面的冷凝水一起从排水管流出。荧光剂会附着在排水口上。所以,通过紫外线灯就可以发现是否存在泄漏。

在需要检查的接头或管的后面或压缩机下面较近的位置放一个镜子,以便反射紫外线,并检查这些隐藏的区域。

图5-2-5 荧光剂泄漏

2.5 真空检漏法

真空检漏主要应用在空调系统维修完成后,在加注制冷剂之前判断是否还有泄漏的一种检漏方法。这种检漏可用两种设备能够实现其功能:

(1)采用真空泵和独立的压力表组进行抽空检漏;
(2)采用多功能充注机进行抽空。

采用真空泵和独立的压力表组进行抽空检漏时,将压力表组连接至空调维修阀口,红色软管连接高压维修阀,蓝色软件连接低压维修阀,中间的黄色软管连接至真空泵。开启真空泵,打开高/低压维修阀,抽空5min至负一个大气压,关闭高/低压阀后再关闭真空泵。观察真空表指示,如果真空度有变化,说明有泄漏;如果在"20min"内压力无变化,说明系统没有泄漏,充注规定量的制冷剂进行后续的维修工作。

3 任务实施

3.1 准备工作

阅读维修手册,制订检修方案,准备所需仪器、设备和工具(实训车辆、空调实验台1台、歧管压力表组、检漏仪等)。

3.2 操作流程

(1)车辆或台架安全工作准备及检查;
(2)制冷系统制冷剂压力在350kPa以上,按照表5-2-1所示步骤顺序操作,测量系统制冷剂泄漏情况。

制冷剂泄漏情况检测步骤表　　　　　表 5-2-1

1	车辆准备	发动机起动		发动机怠速	
		发动机加速		仪表状况	
2	设备准备	开启电子检漏仪			
		检查检漏仪电量			
		调节灵敏度为 3~4 格			
3	参数测量	检测部位：压缩机入口、出口； 冷凝器入口、出口； 蒸发器入口、出口； 高、低压维修阀口； 橡胶软管； 管路连接处； 压缩机轴封			
4	泄漏情况判断				
5	整理	整理设备并归位			

3.3 操作提示

（1）电子式卤素检漏仪的检测探头距离待测物体 1cm 以下，且不能触碰待测物体；
（2）因制冷剂的密度大于空气，因此电子式卤素检漏仪的检测探头应沿着管路下方检测。

复习与思考题

试述汽车空调制冷系统检漏的几种常见方法。

任务 3　制冷剂纯度的鉴别

1 任务引入

由于 R12、R22、R134a 制冷剂系统所采用的冷冻油不同，不能相互溶解，如果制冷剂混用使后，容易造成压缩机因缺少润滑而损坏；同时配件市场上充斥着部分假制冷剂冒充 R134a，因此在回收再利用或加注制剂前，应先进行制冷剂的纯度鉴别。

2 相关理论知识

2.1 制冷剂纯度鉴别仪结构

制冷剂纯度鉴别仪的外观及组成如图 5-3-1 所示，主要包括过滤器、压力表、电源线、样品入口、显示屏、AB 按键、指示灯、进空气口、样品出口等。

2.2 制冷剂纯度鉴别仪使用前注意事项

为使制冷剂纯度鉴别仪能够正常工作，保证检测结果的准确性，必须满足以下条件才能开始鉴别作业。

(1)仪器外面的圆柱形容器中的白色过滤芯上不应有红点,任何红点的出现都说明过滤器需要更换,以避免仪器失效。

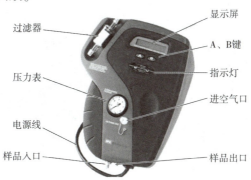

图 5-3-1　16910 纯度鉴别

(2)根据车型需要选择一根 R12 或 R134a 采样管,检查采样管不应有裂纹、磨损痕迹、脏堵或污染(绝对不可以使用任何有磨损的管子)。

(3)鉴别仪头部的进空气口和中部边缘的样品出口,不应有堵塞。

(4)空调系统或制冷剂罐上的样品出口处,不允许有液态样品或油流出来,样品应为气态。

2.3　制冷剂纯度鉴别仪的使用方法

制冷剂纯度鉴别仪没有单独的开关,接通外部电源后,仪器将自动开机。开始鉴别作业之前,仪器需预热 2min,预热结束后仪器会发出声音提醒。在预热过程中,需要将当地的海拔高度输入到仪器的内存中,仪器可以在海拔高度变化为 152m(500ft)的范围内自动调节,所以初次使用时必须输入当地的海拔度高。正常的气压变化不会影响仪器的运行。一般情况下,只需输入一次海拔高度即可。只有当仪器在另一个海拔高度的地方使用时,才需要重新输入海拔高度。如果没有输入海拔高度,仪器在预热过程中会显示" USAGE ELEVATION NOT SET"。按照如下步骤设置海拔高度。

(1)在预热过程中,按住 B 按钮直到显示屏出现"USAGE ELEVATION,400FEET"(这是仪器的出厂设置,相当于海拔 122m)。

(2)使用 A 和 B 按钮来调节海拔高度的设置,直到显示的读数高于但最接近当地的海拔值。每按一下 A 按钮读数增加 30m(100ft),每按一下 B 按钮读数减少 30m(100ft)。海拔高度在 0~2730m(0~9000ft)之间都是可调的。

(3)当选择好正确的海拔高度后,不要再按 A、B 按钮,如图 5-3-2 所示,保持仪器处于待机状态约 20s,设置会自动保存到仪器的内存中。注意:错误的海拔高度输入将导致仪器的检测错误。

海拔高度设定完成并预热结束后,将自动进入系统标定程序(图 5-3-3)。仪器将会通过进空气口吸入环境空气约 1 min。环境空气用于校正测试元件,并排除残余的制冷剂气体。

系统标定结束后,可以根据仪器的提示把采样管的入口端接到车辆空调系统,低压侧或制冷剂罐的出口上。按 A 按钮开始进行分析(图 5-3-4),制

图 5-3-2　海拔高度设定界面

冷剂样品会立即流向仪器,注意调节压力,仪器对样品的分析过程需要大约1min的时间。分析的结果将在仪器的显示屏上,以下列符号显示出来。

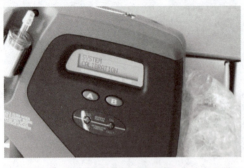
图5-3-3 系统标定界面

图5-3-4 连接管路界面

（1）"PASS"：说明样品的纯度达到98%或更高。制冷剂的种类和空气的污染程度也会同时在显示屏上显示出来,如图5-3-5所示。

图5-3-5 显示分析结果

（2）"FAIL"：说明样品被测定为R12或R134a的混合物。无论是R12还是R134a的纯度都没有达到98%,或者混合物太多。同时,还将显示R12、R134a和空气的百分比含量。

（3）"FAIL CONTAMINATED"：说明测定的样品有未知制冷剂,如R22或碳氢类在混合物中的含量占4%或更多。在这种模式下,不能显示制冷剂或空气混合物的含量。

（4）"NO REFRIGERANT－CHK HOSE CONN"：说明测定的样品中空气含量达到90%或更高。通常情况下是因为R134a采样管的接头没有打开,采样管没有与样品来源接通,或样品来源中没有制冷剂。

3 任务实施

3.1 准备工作

阅读维修手册,制订检修方案,准备所需仪器、设备和工具(实训车辆、空调实验台1台、歧管压力表组、制冷剂纯度鉴别仪等)。

3.2 操作流程

（1）车辆或台架安全工作准备及检查;

(2)制冷系统制冷剂压力在350kPa以上,按照表5-3-1所示步骤顺序操作,测量系统制冷剂泄漏情况。

制冷剂泄漏情况检测步骤表　　　　　表5-3-1

1	鉴别仪结构认识	电源确认		滤纸确认	
		显示屏确认		操作键确认	
		压力表确认		排污口确认	
		制冷剂样本输入口确认			
2	开机预热	开机方法			
		预热方法			
3	设定海拔	当地海拔(英尺)			
		设定方法			
4	连接管路	接头选择			
		正确连接确认			
5	输入样本	罐端阀门开启			
		输入端阀门开启			
		输入压力调整(5~20MPa)			
6	样本检测	方法			
7	检测结果记录				
8	检测结果判断(≥96%)				

3.3　操作提示

操作结束后的清理步骤应注意以下操作:

(1)从仪器样品入口处拆下采样管。观察管子是否有磨损、裂纹、油堵或污染,并及时更换。擦净管子的外表面,将管子卷起放入盒子中。

(2)检查样品过滤器是否有红点出现。如果发现有任何红点,根据维护程序中的步骤更换样品过滤器。

(3)用湿布清理仪器的外表面。不要使用溶剂或水直接清理仪器。将清理干净的仪器放入存储盒中。

 复习与思考题

1.试述制冷剂纯度鉴别仪的结构。
2.试述制冷剂纯度鉴别仪的使用方法。

任务4　制冷剂的回收及加注

1 任务引入

汽车空调系统不制冷或制冷不良多是由于系统泄漏缺少制冷剂引起的,这就需要对空调系统进行制冷剂的回收、抽真空及加注作业。

2 相关理论知识

2.1 汽车空调制冷剂回收、净化、加注工艺流程

2010年3月25日，中华人民共和国交通运输部发布交通行业标准–汽车空调制冷剂回收、净化、加注工艺规范（JT/T 774—2010），该标准规定了汽车空调制冷剂回收、净化和加注作业的基本条件、工艺过程及流程、工艺要求以及制冷剂贮存和处理等作业，其中规定汽车空调制冷剂回收、净化、加注工艺流程如图5-4-1所示。

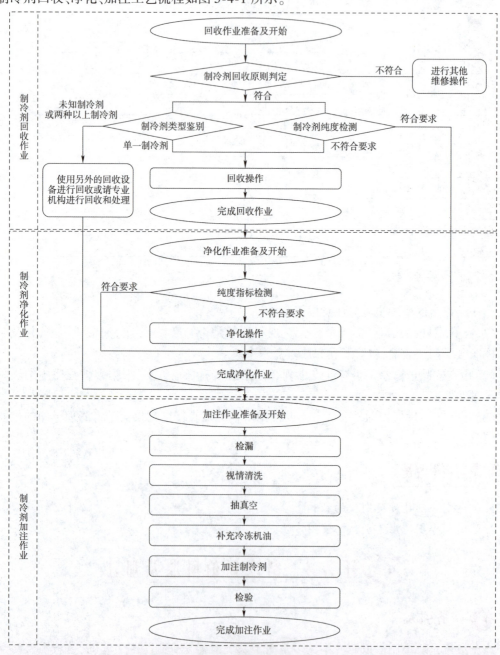

图5-4-1　制冷剂回收、净化、加注工艺流程图

2.2 制冷剂回收及加注一体机使用方法

2.2.1 AC350C 制冷剂回收及加注一体机使用方法

AC350C 空调制冷剂回收加注一体机是博世公司生产的一款制冷剂回收加注设备,具有强大的功能(图5-4-2),能够完成车辆空调制冷剂的回收、再生、充注和检漏操作。该机器有一个强大的数据库,覆盖了市场上绝大多数车型的所有服务信息。AC350C 空调制冷剂回收加注一体机只能对 R134a 或者 R12 其中一种制冷剂进行回收、再生和充注,即一旦选用了 R134a 或者 R12,系统就只能使用这一种制冷剂。AC350C 空调制冷剂回收加注机的操作面板说明如图5-4-3所示。

1)制冷剂回收

(1)回收准备。将 AC350C 的电源插头接在 220V 电源上,转动电源开关,操作界面显示主菜单,包括储罐质量和储罐内部的制冷剂质量(图5-4-4)。按下排气键,将对 AC350C 自身进行排气、清理,30s 内完成。

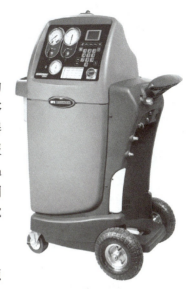

图 5-4-2　AC350C 空调制冷剂回收加注机

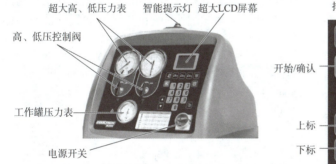

图 5-4-3　AC350C 空调制冷剂回收加注机操作面板

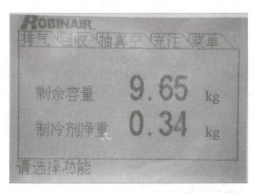

图 5-4-4　操作界面显示主菜单

(2)回收流程。为保证机器内部制冷剂不被污染,回收前要求使用制冷剂鉴别仪对加收的制冷剂进行纯度鉴别,对纯度或型号不合格的制冷剂,不能进行回收作业。

①按下回收键,然后按界面提示接好管路及接头,如图5-4-5所示。

②设定制冷剂的回收量:利用数字键输入制冷剂重量,按下确认键。

③界面显示"清理管路1分钟"。设备开始自动进行清理,然后进行回收作业。

当界面显示"回收完成"后,按下确认键。

2)制冷剂净化作业

在完成制冷剂回收之后,按下 AC350C 的确认键,AC350C 开始进行排油。完成后(约10s),必要时记录排油量。

图5-4-5　制冷剂回收操作

3) 制冷系统抽空

在 AC350C 完成排油之后,按下确认键,进入抽真空操作菜单。此时,利用数字键设定抽空时间,按下确认键,AC350C 开始抽真空。抽真空前,检查压力表示值,制冷装置中的压力应低于 70kPa。如超过该压力,应重新进行回收操作,直到压力达到要求,以此保护仪器中的真空泵不因压差太大而损坏。

根据界面提示信息,按下确认键,进行保压。保压时间固定为 3min(图 5-4-6)。抽真空至系统真空度低于 90kPa,按"取消"键,停止抽真空,保持真空度至少 15min,检查压力表示值变化。如压力未上升,进行微小泄漏量的检查。如压力有回升,则继续抽真空。如累计抽真空时间超过 30min,压力仍回升,则可以判定制冷装置存在泄漏,应检修制冷装置。

图5-4-6　系统真空保压

4) 补充冷冻油

在补充冷冻油之前,确认冷冻油的储罐量,按下确认键,进行冷冻油加注(图 5-4-7)。通过观察油瓶的油面变化确定已加注的油量。当达到要求的注油时,停止注油。按下确认键,可暂停注油;按下取消键,可结束注油。

5) 加注制冷剂

(1) 按下确认键,进入制冷剂充注菜单,按操作信息进行相应的设置:关闭低压阀,进行单管充注(禁止起动发动机);设定充注质量(对照车辆铭牌信息或查看数据库,并通过数字键输入充注质量),如图 5-4-8 所示。

图5-4-7　冷冻油加注面板显示

 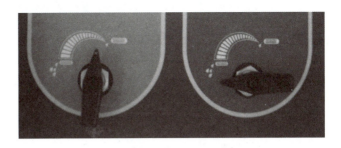

图 5-4-8　设定制冷剂的充注质量

（2）设备开始进行充注。充注完成后警示灯闪三次，蜂鸣器同时发三声"滴"声，根据界面提示，高压快速接头逆时针旋转，将加注管与制冷系统断开，按"确定"键对管路清理，关闭阀门（图 5-4-9）。

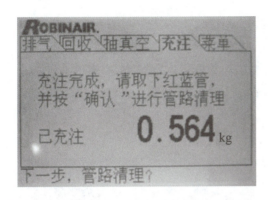 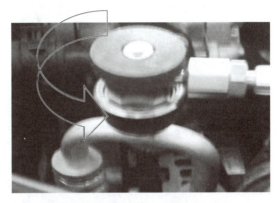

图 5-4-9　AC350C 管路清理提示

（3）按下确认键。设备开始清理管路，2min 后自动完成，警示灯闪三次，蜂鸣器同时发三声"滴"声。制冷剂加注完成。

2.2.2　AC690 制冷剂回收及加注一体机使用

图 5-4-10 所示为美国 SPX 公司 ROBINAIR（罗宾耐尔）AC690PR 制冷剂加注、回收多功能机。

图 5-4-10　AC690 PR 空调多功能充注机

在使用 AC690PRO 进行空调系统回收、抽真空、加注之前,应做好设备的准备工作。参考设备的使用说明书,在开始使用 AC690PRO 单元之前,对单元进行相关设置。

1)制冷剂回收

(1)回收空调系统内的冷却剂,按"回收"功能键,"回收"指示灯亮(图 5-4-11)。屏幕上会出现提示连接高低维修软管的信息。图 5-4-12 为制冷剂管路连接提示。

(2)连接空调系统的 T1 低压软管和 T2 高压软管(图 5-4-13)。

(3)打开软管快速接头 T1 和 T2 上的阀门。

图 5-4-11 制冷剂回收

图 5-4-12 制冷剂管路连接提示

图 5-4-13 维修阀连接

(4)打开单元上的高压和低压阀门(图 5-4-14)。

(5)按下"Enter"键,自我清洁功能随即启动(图 5-4-15)。如果系统内没有压力,这个功能不会启动。在这种情况下,屏幕上会出现一条信息提示操作者。

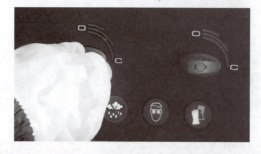

图 5-4-14 多功能充注机高低压维修阀

图 5-4-15 多功能充注机管路自清洁

（6）自我清洁结束后，制冷剂回收开始（图5-4-16）。

（7）回收结束时冷冻油自动排出，然后检查压力值（图5-4-17）。

图5-4-16　制冷剂回收

图5-4-17　冷冻油排出检查压力值

（8）油瓶电子秤会保存排出油的质量值（图5-4-18）。

（9）当等待时间已满；如果压力上升，本功能会自动重新启动。如果压力值没有变化，屏幕会显示回收的制冷剂数量。

（10）回收结束（图5-4-19），关闭单元上的阀门。按"停止"键，返回"待机"页。

图5-4-18　冷冻油排出量

图5-4-19　回收结束

2）空调系统抽真空

（1）按"抽真空"功能键，"抽真空"指示灯亮。图5-4-20为空调系统抽真空。

（2）屏幕上会出现提示操作者连接高低压维修软管的信息（图5-4-21）。按回车键显示下一个信息。

图5-4-20　空调系统抽真空

图5-4-21　抽真空管路选择

（3）打开单元上的高压和低压阀门（图5-4-22），按"Enter"键。如果系统内有压力，这个功能不会启动；在这种情况下，屏幕上会出现一条信息提醒操作者。

（4）输入抽真空时间（图5-4-23）。

（5）按下"Enter"键确认开始抽真空，抽真空结束后检测系统真空度，确定系统是否有泄漏

(图5-4-24)。

(6)确认系统没有泄漏,关闭单元上的阀门,按回车键打印,按"停止"键返回"待机"页(图5-4-25)。

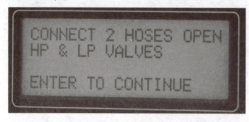

图5-4-22 连接方式

图5-4-23 设定抽真空时间

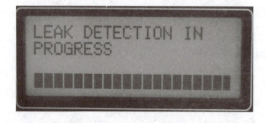

图5-4-24 系统检漏

图5-4-25 抽空结束

3)加注冷冻油和充注制冷剂

按"加注"功能键,"加注"指示灯亮(图5-4-26)。

(1)屏幕上会出现选择管路信息,我们一般选择高压单管路进行制冷剂的加注作业(图5-4-27)。按回车键,显示下一个信息。

图5-4-26 制冷剂充注

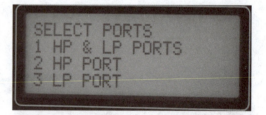

图5-4-27 制冷剂充注管路选择

(2)连接高低压软管(图5-4-28),打开高低压软管上的阀门。

(3)按"充注"键。屏幕显示信息,要求确认是否注入紫色染料(图5-4-29)。

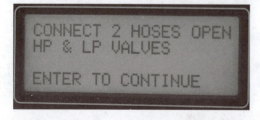

图5-4-28 连接方式

图5-4-29 荧光剂注入选择

(4)屏幕显示信息,要求确认是否充油。图5-4-30为冷冻油注入选择。

(5)屏幕显示信息,要求输入制冷剂充注数量(图5-4-31)。

图5-4-30 冷冻油注入选择

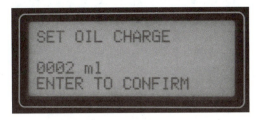

图5-4-31 冷冻油充注量设置

按车型选择合适的注油量,也可以参考所抽出的油量确定需注油的量,按数字键选择注油的数量(屏幕会显示默认放油量值),然后按"多功能"键改变默认值,按回车键确认。

(6)按车型选择合适的制冷剂加注量,输入要充注的制冷剂数量(图5-4-32),然后按回车键确认。

注意:如果是通过数据库选择的车型,屏幕会自动显示选定的汽车要充注的冷却剂数量。

如果加注过程中出现误差,设备会停止工作并显示相关误差信息。

(7)依次执行所有操作之后,最后显示冷却剂和充油值。图5-4-33所示为充注量。

图5-4-32 制冷剂充注量设置　　　　　图5-4-33 充注量

(8)关闭多功能充注机上的阀门,检查高低压压力值,并做好记录。关闭高低压管上的阀门,取下高、低压软管(图5-4-34),按"ENTER"键确认。

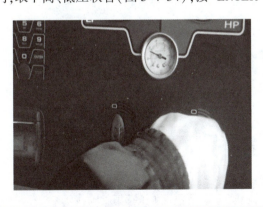

图5-4-34 关闭阀门,取下高低压管

(9)清洁高、低压软管(图5-4-35)。

(10)管路清洁完成(图5-4-36),关闭所有阀门,按"STOP"键,退出。

图 5-4-35 管路清洁

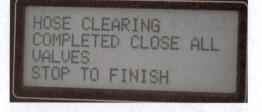
图 5-4-36 管路清洁结束

2.3 空调系统性能检验

完成制冷剂加注作业后,应进行空调性能检验。

(1) 在制冷装置工作状态下,用检漏设备检测加注阀处有无泄漏。

(2) 制冷装置高、低压侧压力及空调出风口温度检测应根据汽车制造厂商的要求进行。也可参照以下方法:

① 车辆停放在阴凉处,打开车窗、车门,打开发动机盖,并做好车辆防护工作,打开所有空调出风口,调节到全开。

② 设置空调系统为外循环位置,鼓风机开启至最高转速强冷,开启 A/C 开关,温度设置为最低。选择面部出风模式。

③ 将压力表组连接到汽车空调系统高、低压侧加注维修阀上,启动空调压缩机,并用干湿温度计距离 150cm 位置测量车辆外部环境温度及湿度,如图 5-4-37 所示。待系统压力稳定后查看并记录压力表组压力值及环境温度,在图 5-4-38 中描绘相关点。

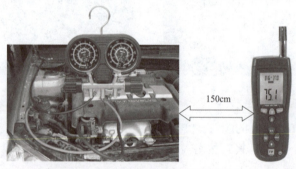
图 5-4-37 温度与压力测量

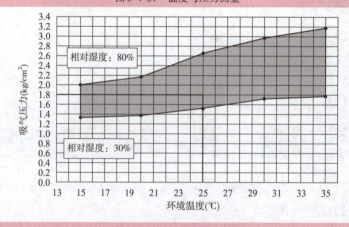
图 5-4-38 制冷系统性能图

④将温度计探头放置在空调出风口内 50mm 处,如图 5-4-39 所示。发动机转速控制在 1500～2000r/min。待温度计显示数值趋于稳定后,读取压力表和温度计的显示值,将所测得的高、低侧压力、相对湿度、空调进风温度、出风温度与汽车制造商提供的空调性能参数或图表上的参数比较(图 5-4-40)。如压力表、温度计显示的高、低侧压力和空调出风温度不在规定的范围内,应对制冷装置做进一步的诊断和检修。

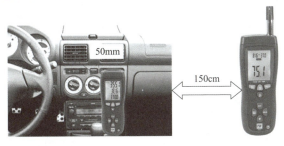

图 5-4-39　空调出风口温度测量

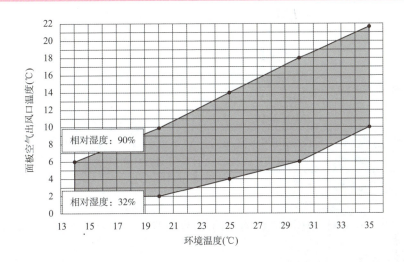

图 5-4-40　制冷性能——空调出风口温度与环境温度

⑤检验结果判断。如果通过检测的参数在两个性能表上的描绘点都在阴影范围内,则说明汽车空调制冷性能合格,反之不合格。

3 任务实施

3.1　准备工作

阅读维修手册,制订检修方案,准备所需仪器、设备和工具(实训车辆、空调实验台 1 台、歧管压力表组、制冷剂纯度鉴别仪、回收冲主机等)。

3.2　操作流程

(1)车辆或台架安全工作准备及检查;
(2)使用回收充注机,按照表 5-4-1 所示步骤顺序操作,对实训车辆或台架进行制冷剂回收、抽空、加注作业。

制冷剂回收、抽空、加注作业记录表　　　　　表 5-4-1

1	车辆准备	发动机起动		发动机怠速	
		发动机加速		仪表状况	
		故障指示灯			
2	空调工作状况	空调开启		操作面板	
		出风口状况		鼓风机状况	
		冷却风扇状况			
3	制冷剂回收	工作罐初始制冷剂量			
		高压管路连接		低压管路连接	
		开启回收功能		高低压阀门开启	
		按提示完成回收操作			
		回收后空调系统压力			
		制冷剂回收量		冷冻机油排出量	
4	系统抽真空	高压管路连接		低压管路连接	
		开启抽真空功能		高低压阀门开启	
		按提示完成回收操作			
		抽真空时间		抽真空后真空度	
		保压后结果		保压后真空度	
5	制冷剂加注	开启加注功能		选择加注管路	
		冷冻润滑油加注量		制冷剂加注量	
		按照提示完成加注过程(不进行空调性能测试)			

3.3　操作提示

回收冲主机型号不同,使用方法略有不同,可参照设备使用说明书进行作业。

复习与思考题

空调制冷系统的回收加注流程是什么?

1.汽车空调制冷系统检修的基本操作一般包括制冷系统工作压力的检测、制冷系统的检漏、从制冷系统内放出制冷剂、抽真空、加注和补充制冷剂、加注和补充冷冻油等。

2.汽车空调系统的检漏方法与泄漏位置及泄漏速度有关,应根据泄漏情况选择最佳检漏方法。

项目 6 汽车空调系统使用与维护

概 述

汽车空调通过人为的方式创造对人体适宜的环境,即对车内的温度、湿度、气流速度进行调节,同时净化空气。若使用操作得当,会给驾乘人员身体上带来舒适的感受的同时,减少油耗,以及相关部件总成的耗损率,增加车辆驾驶安全性;但若使用不当,会对空调性能及寿命、发动机的工作稳定性及油耗、乘员的舒适性,甚至人身安全带来很大影响。

为了节约能源,保证汽车空调系统具有良好的技术状况和工作可靠性,发挥空调的最大效率,延长其使用寿命,驾驶员和汽车空调维修人员必须学会汽车空调的正确使用和维护保养。

任务 1 汽车空调的使用

1 任务引入

2019 年夏季某天下午 2 点多,110 指挥中心接到了一位女驾驶员在高速公路上开车中暑的求救电话,原因竟然是开车女子不会开空调,导致出风口吹的都是热风,而车窗又处于密闭状态,时间一长导致中暑。

我们应该怎样正确操作汽车空调系统呢?

2 相关理论知识

2.1 手动汽车空调的正确使用

1) 常用按键(图 6-1-1)

(1) OFF 键。控制汽车空调开启和关闭的开关,有些车型直接用鼓风机开关代替。

(2) 鼓风机开关。可以选择出风量的大小。

(3) A/C 空调压缩机的开关,亦是空调制冷开关。只有开启压缩机,空调才具备制冷能力,有些车型用 ❄ 符号表示。

(4) 内循环。控制空气在车内的循环,适用于车外空气环境过热、过冷或存在污染时。

(5) 外循环。将车外空气与车内空气进行交换,适用于车外空气良好时,有些车型默认空气循环为外循环。

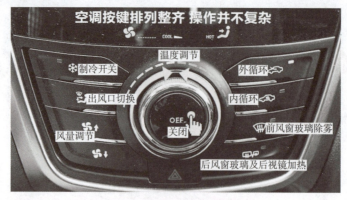

图6-1-1 汽车手动空调控制面板

(6)出风口选择。

① 面部出风口,箭头朝向人头,出风口在仪表台中间;

② 脚下出风口,箭头朝向脚上,隐藏在仪表台下面的出风口;

③ 脚下、除霜风口,脚下和前风窗玻璃除霜风口都出风;

④ 另外还有单独的除霜风口、组合的面部和脚下出风口。

2)正常使用注意事项

(1)使用空调时,必须在发动机稳定运转几分钟后,打开鼓风机开关置某一挡位,然后再按下空调开关A/C起动压缩机。

(2)发动机熄火后,应及时关闭汽车空调,以免蓄电池电量损耗,同时避免在下次点火瞬间汽车空调自动开启,加大发动机的负担。

(3)为保证取暖和通风正常工作,风窗玻璃前的进风口应避免被障碍物遮盖。

图6-1-2 内、外循环

(4)空调的循环方式有车内循环和车外循环两种,如图6-1-2所示。

① 内循环打开后,空气不与车外发生交换,只在车内流通,所以对调节车内空气温度非常有效。

② 内循环模式下,尽量不要吸烟,这样会导致车内有长久无法消除的异味。

③ 要交替使用内、外循环,提升车内空气质量。

(5)在汽车起动或长距离上坡行驶时,应暂时停止压缩机工作,以免冷却水箱开锅。超车时,若汽车空调系统无超速自动停转装置,应先关闭汽车空调。

(6)出风口选择:根据冷空气下降、热空气上升原理,使用汽车空调吹冷风时风口应向上吹,可发挥空调的最佳效果,相反开暖风时出风口应向下吹。

(7)在汽车空调运行时,若听到汽车空调装置有异常响声,如压缩机响、风机响、管子爆裂等,应立即关闭汽车空调,并及时联系维修人员进行检修。

(8)车速在80km/h以上开空调比开窗要省油。

3)夏季使用注意事项

(1)停车时,应避免汽车在阳光下直接暴晒,尽可能把车停在阴凉处。

(2)长时间停车后,车厢内温度会很高,正确的使用方法是:

①应先开车门及车窗通风,用鼓风机和内循环将车内热空气赶出车厢。

②关上车门及车窗,再开汽车空调制冷,以降低热负荷。

③汽车空调温度设置不要太低,一方面温度调得过低,会影响身体健康;另一方面易使蒸发器表面结霜,形成风阻,而造成压缩机液击现象。同时若风机开在低速挡,则冷气温度开关不宜调得过低。一般车厢内外温差在 10℃ 以内为宜。人体舒适度曲线如图 6-1-3 所示。

④在到达目的地(停车)之前 5min 关掉冷气,稍后开启自然风,在停车前使空调管道内的温度回升,消除与外界的温差,从而保持空调系统的相对干燥,避免因潮湿造成大量霉菌的繁殖。

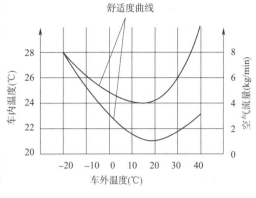

图 6-1-3 人体舒适度曲线

4)长期不用的注意事项

(1)长时间不使用汽车空调制冷时,也应定期开启压缩机(一个月运转一两次,每次 10 min 左右),防止因压缩机无冷冻油造成轴封处泄漏,转轴卡死。冬季气温过低时,因温控保护使压缩机不能起动时,可将保护开关电线短路,待维护运行完毕,再将电路恢复原样。

(2)汽车空调在换季初次使用时,最好对汽车空调系统进行杀菌除臭处理。

(3)长期行驶会使汽车空调内部附着大量灰尘和杂质,经常清洁、定期更换空调滤清器,才能保持良好的空气调节质量。

2.2 自动汽车空调的正确使用

随着汽车产品的更新和技术的持续发展,现在的汽车空调除了具备改变车内温度、防止车窗起雾等传统功能之外,已经进化到对车内空气质量、气流走向等全方位进行管理控制的水平。特别是一些车辆装备的全自动动空调,具备对车内空气环境进行高度智能化控制的能力。自动空调的使用特点如下。

图 6-1-4 自动空调

1)自动空调更便捷

(1)只需要设定一个温度值,如"22℃",然后按下"AUTO"按键,如图 6-1-4 所示,根据车内/外温度传感器的反馈,自动空调的控制单元会自动计算出最合适的温度配比、送风模式、出风量等,快速达到乘客设定的温度。

(2)搭载 SYNC2 或 SYNC3 的车辆,可以直接用语音来"设定温度",比如发出"空调,26.5℃"的指令后,自动空调就会按照指令设定温度,并自动调节其他设置。

(3)MAX A/C 键。这一按键只出现在部分自动空调的车型上,按下 MAX 后,空调压缩机和风机会采用最大的输出,从而尽快达到设定的温度。

MAX 功能启动后,车内的空调会满负荷运行,风机风量最大,会比较吵,但这个功能对于启动后对需要尽快获得舒适温度的车友来说十分实用。

2）自动空调更智能

不同于手动空调需要频繁、手动地对空调模式进行调整，自动空调能智能地对空调模式进行微调整，持续有效地维持车内温度接近设定的温度。

3）自动空调更经济

不同于手动空调配备的定排量压缩机，开启空调制冷后，压缩机会一直工作。

自动空调配备的是变排量压缩机，当车外温度与设定的车内温度较为接近时，电控单元可以调整压缩机的排量，甚至自动停止压缩机，使车内温度保持设定的状态，达到省油的目的，确保车辆具有更好的燃油经济性。

4）自动空调更健康

有些自动空调配备有空气质量传感器，如新蒙迪欧。当空气质量传感器检测到车内不良空气时，自动空调会自动对内、外循环进行调整，防止车外不良空气进行车内（如前车尾气等），使车内空气更加健康。

同时，自动空调通过自诊断系统可以对空调的状态进行检测，并对故障情况进行判断。当系统中出现故障时，使系统进入相应的故障安全状态，防止故障进一步扩大。

3 任务实施

3.1 准备工作

阅读维修手册，制订检修方案，准备所需仪器、设备和工具（实训车辆、空调实验台1台等）。

3.2 操作流程

（1）车辆或台架安全工作准备及检查；
（2）按照表6-1-1所示步骤对汽车空调系统进行正确调节。

空调系统调节步骤表 表6-1-1

1	车辆准备	发动机起动		发动机怠速	
		发动机加速		仪表状况	
		故障指示灯			
2	空调工作状况	空调开启		操作面板	
		出风口状况		鼓风机状况	
		冷却风扇状况			
3	调节操作	调节鼓风机风速为中速		调节鼓风机风速为高速	
		温度冷热调节		选择内循环	
		选择外循环		调节除霜出风模式	
		调节为脚下出风模式		调节为中央出风模式	

3.3 操作提示

车型不同，空调控制面板形式不同，任务实施过程中可以选择不同车型进行巩固练习。

复习与思考题

1. 试述手动汽车空调的常见操作方法与注意事项。
2. 试述自动汽车空调的常见操作方法与注意事项。

任务2　汽车空调的维护

1 任务引入

汽车空调的维护包括日常维护和定期维护。日常维护可由驾驶员自行进行，而定期维护必须由专业汽车维修人员进行。在维护时,会发现许多平时没有注意到的故障。故障的早发现和及时处理,对延长汽车空调的使用寿命起到重要作用。汽车空调的维护主要是通过看、听、摸、测等方法进行检查。

2 相关理论知识

2.1 汽车空调的日常维护

（1）一般情况下每 5000km 或 3 个月（以先到者为准）对空调滤清器进行一次清洁,如图 6-2-1 所示,每 20000km 或 12 个月（以先到者为准）更换空调滤清器。

图 6-2-1　脏污空调滤清器

（2）定期清洗冷凝器和蒸发箱,如图 6-2-2 所示。这是由于外界空气环境等原因,冷凝器、蒸发箱表面易被灰尘等脏物附着,定期清洁冷凝器表面可使空调系统的制冷效果大大提高。在雨中或泥泞路段行驶后,应检查冷凝器风扇是否有泥沙、石块,若有,应及时清理。但不应使用高压水枪着冷凝器进行冲洗,以免因为压力过大造成冷凝器变形。最好是用气体反方向吹。

（3）检查传动带,压缩机与发动机之间的传动带应张紧。

①如果皮带表面与皮带轮槽接触侧面光亮,并且启动空调时有"吱吱"的噪声,说明皮带打滑严重应更换皮带和皮带轮。

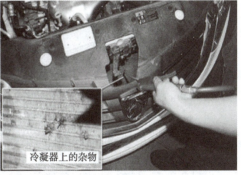

图 6-2-2　冷凝器清洗

②如果皮带过松应给予调整,否则易使空调系统制冷不良。

③检查皮带有无老化裂纹现象（图 6-2-3）。

图 6-2-3　空调压缩机皮带

(4) 经常清洁出风口和驾驶室内的灰尘与污垢,维护时及时清洗空调格。

(5) 用耳听和鼻闻来检查汽车空调有无异常响声和异常气味。

(6) 用手摸压缩机附近高、低压管有无温差,正常情况下低压管路呈低温状态,高压管路呈高温状态。

(7) 用手摸冷凝器进口和出口处,正常情况下为前者较后者热。

(8) 用手摸膨胀阀前后应有明显温差,正常情况为前热后凉。

(9) 检查制冷系统软管外观是否正常,各接头处连接是否牢靠,接头处有无油污。有油污表明有微漏,应进行紧固。

(10) 检查制冷系统电路连接是否牢靠,有无断路或脱接现象。

(11) 汽车空调系统运行状态是否可靠,也可通过压力计组的指示压力来进行判断。

(12) 汽车空调系统平时应进行常规检查。检查时将汽车停放在通风良好的场地上,打开所有车门,使发动机转速维持在 2000r/min 左右,开启 A/C 开关,鼓风机风速调至最高挡,使车内空气处于内循环。

1) 检查制冷管路表面温度

用手触摸制冷管路感受表面温度。

摸高压管路(从压缩机出口→冷凝器→储液干燥器→膨胀阀进口)时,温度较高。

触摸低压管路(从膨胀阀出口→蒸发器→压缩机进口)时,温度较低。在压缩机高低压侧应该有明显温差。

2) 观察制冷剂系统有无渗漏

用眼观察制冷系统渗漏部位。

制冷系统中的所有连接部位或冷凝器表面一旦发现油渍,说明此处有制冷剂泄漏。也可以用较浓的肥皂水涂抹在可疑之处,观察是否有气泡出现。

3) 从安装在储液干燥器顶部的观察窗口判定工况

(1) 制冷剂流动清晰、无气泡,若出风口是冷的,说明制冷系统工作正常;若出风口不冷,说明制冷剂已严重泄漏;若出风口冷气不足,关掉压缩机 1min 后仍有气泡慢慢流动,或在压缩机停止工作后的一瞬间制冷剂清晰无气泡,说明制冷剂过多。

(2) 制冷剂流动中偶尔出现气泡,膨胀阀结霜,说明制冷剂中有水分;若膨胀阀没有结霜,则制冷剂缺乏或有空气。

(3) 窗口玻璃上有油纹,出风口不冷,说明完全没有制冷剂。

(4) 制冷系统出现泡沫且很混浊,说明冷冻油过多。

2.2　汽车空调的定期维护

为保证汽车空调无故障运行,需要定期对系统各主要零部件进行维护。定期维护由汽车空调保修工进修,除检查和调整例行维护项目外,还应按汽车空调专门的维护周期,及时进行作业项目,如压缩机、冷凝器、散热器、蒸发器、电器部件等。

(1) 压缩机的检查与维护:一般每 3 年进行一次,在压缩机运转情况下,检查其是否有异常响声。如有,说明压缩机的轴承、阀片、活塞环或其他部件有可能损伤或冷冻润滑油过少;检查压缩机的高低压端有无温差;运转中如压缩机有振动,应检查传动带的松紧度,同时还要检查润滑油液面的高度。

(2)电气系统的检查与维护:每1~2年检修一次电磁离合器,检查离合动作是否正常,间隙是够符合要求,有无打滑现象,检查结合面、轴承的磨损情况。低温保护开关在规定的气温下如能正常启动压缩机,则说明其有故障;检查电线连接是否可靠。

(3)冷凝器及其冷却风扇的检查和维护:一般每年进行一次,彻底清除或清洗冷凝器表面的杂质、灰尘,用扁嘴钳修复冷凝器的散热片,检查冷凝器表面是否有异常,并用检漏仪检查制冷剂是否泄漏。检查冷凝器冷却风扇电动机工作时有无异常响声,叶片有无破损、螺栓、连接是否牢固,电动机轴承有无缺油现象。

(4)蒸发器的检查与维护:一般应每年用检漏仪进行一次检漏作业,每1~3年对蒸发箱内部进行清扫,清除送风通道的杂物。

(5)膨胀阀、膨胀管的维护:每1~2年进行一次,检查其动作是否正常、开度大小是否合适,有无堵塞,感温包与蒸发器出口管路是否贴紧;膨胀阀能否根据温度的变化自动调节制冷剂的供给量。

(6)高、低压管的检查和维护:每年检查一次,包括软管有无裂纹、鼓包、老化或破损现象,硬管是否有裂纹或渗漏现象,是否会碰到硬物或运动件,管道螺栓是否紧固,有问题要及时更换。

(7)储液干燥器的检查和维护:检查易熔塞是否熔化,各接头处是否有油迹;正常工作时其表面应无露珠或挂霜现象;每年4~5月份维护期中视需要更换干燥剂或干燥过滤器总成。

(8)安全装置的检查:检查高、低压开关和冷却液温度开关。高压开关在压力2.2 MPa时,应能自动接通声光报警电路并使电磁离合器断电,当压力小于2 MPa时应能自动复位;低压开关在压力小于0.2 MPa时,应能自动接通声光报警电路并使电磁离合器断电,当压力大于0.2 MPa时应能自动复位。

(9)怠速提升装置应每年检查和调整一次。

汽车空调的定期维护应根据汽车空调的使用频率、使用环境、使用地区等具体情况确定其维护周期。一般有两种类型:一类是与车辆维护同步进行的,见表6-2-1;另一类是按汽车空调专门制定的维护周期独立进行的,见表6-2-2。

汽车空调系统二级维护作业 表6-2-1

类别	序号	作业项目	技术要求
制冷循环系统	1	检视高、低压管	●高低压管道的螺栓紧固不松动; ●软管表面无起泡、老化或破损现象; ●硬管焊接处无裂纹或渗漏现象; ●管道上无与其他机件碰擦现象
	2	检视膨胀阀	●膨胀阀应无堵塞; ●感温包作用正常; ●膨胀阀能根据温度的变化而自动调节制冷剂的供给量
	3	检视储液干燥器	●在制冷系统正常工作时,其表面应无露珠或挂霜现象; ●乘用车空调在正常使用情况下,一般每3年更换一只储液干燥器。如因使用不当使系统进入水分后,应及时更换; ●如系统管路被打开时,一般也应更换储液干燥器
	4	检查、清洁蒸发器和冷凝器,检查固定螺母	●蒸发器、冷凝器应无渗漏; ●散热片应无折弯、无尘土杂物堵塞现象; ●蒸发器、冷凝器应无裂纹; ●各固定螺栓、螺母应全、紧固、可靠
	5	检视制冷剂量	●制冷系统工作时,观察视镜,应无气泡流动现象
	6	检视系统压力	●在制冷装置进气风门的空气温度为30~35℃,发动机转带为2000r/min,鼓风机以最高转速旋转和制冷选用最理想挡的条件下,系统的工作压力应为:低压侧0.147~0.20MPa;高压侧1.4~1.5MPa

续上表

类别	序号	作业项目	技术要求
压缩机	1	更换冷冻机油,并清洁或更换冷冻机油滤网	●每年4~5月份更换一次冷冻机油,要求冷冻机油液面高度应达到视镜的上部边缘或原厂规定标准; ●滤网应清洁、无杂物堵塞或缺损现象
压缩机	2	检视进、排气阀	●进、排气阀开闭应灵活,作用正常
压缩机	3	检视轴封	●轴封处不应有渗漏现象
电气系统	1	检视鼓风机、风扇	●鼓风机各挡位工作应无异响,叶片无裂损,各固定螺栓、螺母齐全、牢固有效; ●冷凝器风扇与管片无碰擦现象
电气系统	2	检视冷却液温度开关	●冷却液温度开关在100℃±2℃时,应能自动接通声光报警电路
电气系统	3	检视高低压压力开关	●高压开关在压力大于2.2MPa时,应能自动接通报警电路,并切断通向电磁离合器的电流,当压力小于2.2MPa时,应能自动回位; ●低压开关在压力小于0.2MPa时,应自动接通报警电路,并切断通向电磁离合器的电流,当压力大于0.2MPa时,应能自动回位
电气系统	4	检视除霜温度控制器和车内温度控制器	●除霜温度控制器在2℃左右时应能自动接通旁通电磁阀,在7℃时自动断开; ●车内温度控制器在5~30℃的控制范围内作用应良好
电气系统	5	检查电磁离合器	●电磁离合器应顺畅,无打滑现象,离合器轴承在旋转时应无偏摆拖滞现象出现

汽车空调系统独立维护项目   表6-2-2

类别	维护项目	维护内容	维护间隔					
			每天	每周	每隔一季		每隔2季	每隔3季
					季初	季末	季末	季末
制冷循环系统	管路各接头	有无松动情况		●				
制冷循环系统	制冷剂的注入量	通过视镜检查	●					
制冷循环系统	冷凝器	检查冷凝器上是否有泥垢和夹杂物		●				
制冷循环系统	蒸发器	检查是否有尘埃和夹杂物			●			
制冷循环系统	储液干燥器	更换干燥剂或储液干燥器总成						●
制冷循环系统	膨胀阀	检查膨胀阀动作是否正常以及滤清器是滞堵塞					●	●
电气系统	冷却液温度报警灯	超温时是否能亮		●				
电气系统	高压报警灯	超压时是滞能亮		●				
电气系统	压力开关	检查其动作是否正常			●			
电气系统	冷却液温度开关	检查其动作是否正常			●			
电气系统	车内温度控制器	在温度控制范围内作用是否正常			●			
电气系统	热敏开关	检查其动作是否正常			●			
电气系统	鼓风机	检查其动作是否正常			●			
电气系统	电磁离合器	检查其动作是否正常			●			
电气系统	电磁阀	检查其动作是否正常					●	
其他	紧固件	检查各紧固件有无裂纹或损伤,若发出松动则要加以紧固		●		●		
其他	传动带	检查其张力和磨损程度		●				
其他	V带张紧轮	检查其是否能圆滑旋转			●			
其他	空气滤清器	检查有无堵塞现象,必要时加以清洁		●				

2.3 汽车空调的清洗

汽车空调在使用一段时间后,空气中80%的微小粉尘和细菌都会穿过过滤网进入空调内部,与冷凝水黏合后堵塞在蒸发器上。如果这些灰尘和污渍没有及时地得到处理,就会出现各种问题,这不仅会影响到空调的制冷与散热,甚至会危害人体健康。

1)判断汽车空调是否需要清洗的标准

(1)空调打开时,吹出来的风还未完全制冷或制热时,会闻到一股类似霉变、烟尘的气味;

(2)制冷或制热时,从风口吹出的空气不清新,伴有酸臭味或其他怪味;

(3)制冷效果下降,有害物质增加,由于蒸发器长期未清理,污垢过多,从而影响空调散冷;

(4)人在车内时,鼻腔、气管、肺部感到不适,或伴有咳嗽、胸闷等;

(5)车辆使用一年以上仍未对空调系统进行过清洗养护。

2)汽车空调清洗

(1)清洁步骤。

①清洁过滤网:取下过滤网进行清洗。

②喷洒清洁剂:启动汽车空调清洗机,从进风口高压喷雾,将中性清洁剂喷洒到汽车的风管,如图6-2-4所示,蒸发翅片乳化,分解污垢及油垢。

③喷洒清水清洗:启动汽车空调清洗机,从进风口高压雾化喷洒清水清洗空调的风管,蒸发翅片,这时可看到大量脏水从空调的排水口排出,把残存在车内的清洁液及污垢彻底清除出来。

④对空调内室消毒杀菌:启动汽车空调清洗机,从进风口高压雾化喷洒消毒液对空调的风管,如图6-2-5所示,蒸发翅片进行消毒。消毒液喷洒完后,关闭车门窗,将空调热风调到最大,内循环15min。

图6-2-4 汽车空调清洁剂

图6-2-5 进风口喷洒消毒液

(2)使用泡沫清洁剂和喷雾清洁剂存在的通病。

①清洁剂残留在空调内部,腐蚀蒸发器。

②通风管、蒸发箱沾满黏糊糊的清洁剂,灰尘、污垢更容易黏附在上面。清洗过后不久,更脏,异味更大。

(3)清洗效果。

①配合使用汽车空调清洁剂,具有强力渗透、彻底分解乳化污垢、杀菌、消毒、除异味功能。高压雾化喷洒到汽车空调蒸发器翅片上,促使污垢迅速分解乳化。

②克服目前市场上汽车空调清洁剂普遍存在的"只喷清洁剂,没有水清洗"的缺点。这如同洗手只擦清洁剂,不冲水清洗一样。污垢没彻底洗掉,蒸发器却粘上黏糊糊的清洁剂,空调

蒸发器更容易粘上污垢。

③高效安全。汽车空调清洗机和其他清洗方法最大区别就是：高效清洁，不影响其他电路，不会影响空调感应器。

3 任务实施

3.1 准备工作

阅读维修手册，制订检修方案，准备所需仪器、设备和工具（实车、皮带涨紧器、检漏仪、压缩空气及气枪等空调检测设备）。

3.2 操作流程

（1）车辆或台架安全工作准备及检查；
（2）按照表6-2-3所示步骤对汽车空调系统进行正确调节。

汽车空调维护保养项目操作记录表　　　　　　　　　表6-2-3

检查项目	作业要领	技术标准	检查记录
鼓风机	（1）开启鼓风机各个挡位，检测风速是否正常	（1）用手、耳感知； （2）使用风速仪检测	各挡位正常：是□ 否□ 记录：
压缩机	（1）在停用制冷系统后，每两周启动压缩机工作5min； （2）检查压缩机皮带张力； （3）检查加注冷冻机油量，是否有泄漏	张力：376N±50N （38kg±5kg）	1.皮带张力： 2.冷冻机油量： 3.是否有泄漏
冷凝器	（1）检查冷凝器运行是否正常； （2）是否清洁冷凝器表面及通道； （3）是否清理冷凝器和散热器之间的缝隙	注意： 清洁时请勿使用高压水枪	记录：
蒸发器	（1）检查蒸发器是否保持通风口清洁、排水道畅通、鼓风机运转正常等； （2）在最大制冷时，检查是否有发动机热水通过暖水阀漏进来，以免影响制冷效果		堵塞：是□ 否□ 更换：是□ 否□
储液罐	（1）检查储液罐使用是否超过两年； （2）如拆开管路后是否更换新的储液罐		年份： 更换：是□ 否□
系统接头	（1）各管路接头是否有油污； （2）各管路接头是否有泄漏	（1）目测法； （2）荧光检漏法； （3）电子卤素检漏法	记录：
节流装置	（1）膨胀阀是否堵塞； （2）清洗管路时是否更换膨胀阀		堵塞：是□ 否□ 更换：是□ 否□
其他	（1）冷冻机油质量； （2）制冷剂质量； （3）管路的"O"形圈		记录：

3.3 操作提示

如果是驾驶人员对汽车空调进行日常维护，主要依靠眼看、耳听对系统进行检查，对于需要专业设备操作的项目可以简化操作,比如皮带张进度检查可以采用拇指按压的方法。

 复习与思考题

1. 汽车空调日常维护的重要性是什么?
2. 汽车空调夏季使用的注意事项是什么?
3. 汽车空调冬季使用的注意事项是什么?
4. 汽车空调定期维护的内容是什么?

知识点小结

1. 正确使用和定期维护汽车空调系统可以节约能源,保证汽车空调系统具有良好的技术状况和工作可靠性,发挥空调的最大效率,延长其使用寿命。

2. 正确操作各种工况下的汽车空调面板,有利于最大限度发挥汽车空调的性能。

3. 汽车空调的日常维护一般由驾驶员或汽车维修人员进行,在维护时会发现许多平时没有注意到的故障,便于对故障的早发现和及时处理,对延长汽车空调的使用寿命起到重要作用。

4. 为保证汽车空调无故障运行,需要定期对系统各主要零部件进行维护。定期维护由汽车空调保修工进修,除检查和调整例行保养项目外,还应按汽车空调专门的维护周期及时进行作业项目,如压缩机、冷凝器、散热器、蒸发器、电器部件等。

5. 汽车空调在使用一段时间后,进行彻底的清洁可以改善空调的制冷与散热,并对驾乘人员身体健康很有好处。

项目 7 汽车空调技术前沿科技

概 述

随着新能源汽车的普及,纯电动汽车或混合动力汽车对汽车空调的使用有了更高的要求,在无发动机或发动机不运行时电池组的散热需要电动压缩机运行来完成。环保方面,大部分人的观念中,尾气排放是造成全球变暖的主要原因,当人们发现制冷剂 R12 会侵蚀臭氧层、制冷剂 R134a 属于温室气体,同样会造成全球变暖,人们逐渐提高了对环保型制冷剂的重视程度,新型的制冷剂应运而生。同时各大汽车公司为了节能减排,降低尾气排放,汽车空调上使用了多种新技术。

综上所述,本章将对汽车空调系统前沿技术:新型环保制冷剂、R744 空调制冷系统、管路内部热交换器 IWT、蒸发器蓄能装置、高压电动压缩机等作简单的阐述。

任务 1 R744 空调制冷系统

1 任务引入

为了满足日益严苛的气候和环保法规及 R1234yf 制冷剂替换过程中低毒性争议问题,豪华汽车厂商奔驰在 2017 年为自己旗下在欧洲市场的产品安装以二氧化碳为制冷剂的空调系统,这套系统将率先安装在 S 级及 E 级轿车上。

2 相关理论知识

CO_2 在地球上是取之不尽、用之不竭的自然物质,早在 20 世纪初就已使用在工业与渔业的冷冻系统中,制冷剂代号为 R-744。CO_2 具有高容积比的体积冷冻能力特性,与 HCFC-22 相比较高出约 5 倍,因此在系统的尺寸上可大幅缩小。R744 制冷剂循环回路系统运行时高压区域内的最大压力达到 133~140bar❶,静态压力为 95bar,低压侧压力大约为 35bar,高压侧最高温度可达 165~180℃。系统温度和压力明显高于 R134a 系统。由于 CO_2 具有较小的表面张力容易促成气泡的形成产生较高的热传系数,液态黏滞度将使 CO_2 在管道中的压力降较小。

其特点包括:
(1)不破坏臭氧层。
(2)全球暖化潜势(GWP)为 1。

---

❶ 1bar = 0.1MPa。

(3)取得容易(可从工业废气中取得),成本极低。

(4)对人体健康与居住环境无短、中、长期之害处,故不需回收或再处理。

(5)无毒且不会分解出刺激性物质。

(6)不可燃与不会爆炸。

(7)极佳的热力性质。

(8)CO_2 制冷剂系统可使用传统的矿物类润滑油。

(9)对相同的气体冷却器出口温度而言,压缩机吐出压力越高,则制冷能力越大。

(10)压缩比低。当 R-134a 冷凝温度 50℃,蒸发温度 0℃ 时,压缩比为 4.3;而 CO_2 气体冷却器出口温度 37℃,蒸发温度 0℃ 时,压缩比为 2.6。同时,压缩机的压缩比降低,压缩过程可更接近等熵压缩而使效率提升。

(11)相同体积的蒸发器,CO_2 的管径小、管排数多。

(12)因为系统压力大,CO_2 于蒸发器中之制冷剂分布较均匀。

(13)气体密度高,可降低使用的管路与压缩机尺寸,而使系统质量减轻、结构紧凑、体积小。

如图 7-1-1 所示,R744 制冷剂循环回路由装有安全排放阀的压缩机、气体冷却器、内部热交换器、膨胀机构、蒸发器等组成。在压缩机内将抽吸压力为 35bar 的气态 CO_2 压缩至 133bar。在此过程中气体加热至最高 165℃。气体冷却器将所吸收的部分热量释放到车外空气中。只有当制冷剂温度低于 CO_2 临界温度(31℃)时,才能变为液态形式。但由于气体冷却器的技术效率小于 1(理想的气体冷却器功率为 1),只有当车外温度低于 27℃ 时气体冷却器内才能发生上述变化,但在夏季时环境温度大约在 35℃ 以上,无法实现冷剂液化,因此冷却装置由"气体冷却器"代替传统空调制冷系统的"冷凝器"。R744 经过空气冷却器的冷却后,在内部热交换器内与来自蒸发器内大约 0℃ 的 CO_2 继续进行冷却,低于临界温度 31℃ 转化为液态形式后通过膨胀机构将气体喷入蒸发器内,制冷剂压力由 120bar 降至 35bar 蒸发,车内的热空气经过蒸发器翅片得到冷却,从而实现车内温度降低,达到降温制冷目的。经过气体冷却器后的液态制冷剂温度越低,它可以从蒸发器内吸收环境空气的热量就越多。制冷剂蒸发后经过蓄压收集器分离出液态 CO_2 部分,随后经过内部热交换器后以气态形式的 CO_2 进入压缩机开始新的制冷循环。由于 CO_2 密度高于 R134a,因此在制冷效果相同时所需 CO_2 体积流量更少,加注量比加注 R134a 时低 10%~15%。

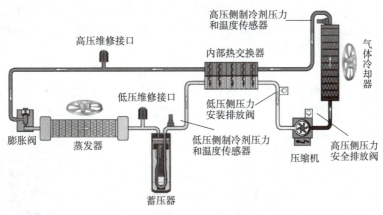

图 7-1-1 R744 空调制冷循环系统组成

与R134a系统相比较，由于R744空调系统工作时，高低压侧的压力、温度比较高，除了要检测系统高压侧的压力之外，还需要检查高压侧的温度以及低压侧的压力和温度。所以在高、低压侧分别装有高压侧压力和温度传感器、低压侧压力和温度传感器。为了保证空调使用时的安全，除了制冷系统压力调节之外，空调系统可通过机械方式对高压做出反应。在低压侧的热交换器与压缩机之间、压缩机出气口处的安装有安全易熔片。当低压侧压力为120+/-10bar时，安全易熔片破裂；高压侧压力为160+/-10bar时，安全易熔片破裂。

用适用于R744的POE油取代了适用于R134a的PAG油。此外，还需要带有加注适配器的新型加注和抽吸设备和新型测漏仪器。不能用R134a加注和抽吸设备进行加注。维修时，通风条件较好的室内可直接排放到环境空气中。

由于该系统压力较高，制造工艺更加精密复杂，制造成本增加，故此系统在汽车行业中推广较差，只在部分欧洲销售的豪华品牌中有使用。

复习与思考题

1. R-744制冷系统高压侧的最高压力及最高温度有多少？
2. R-744制冷剂在哪几个部件里完成气变液的转化？
3. R-744制冷系统与R134系统对比，多了什么安全装置？

任务2　新型环保制冷剂

1 任务引入

汽车空调中广泛使用制冷剂R134a，但其全球气候变暖潜能值GWP很高，达到1430。而全世界2011年汽车拥有量突破10亿辆，2013年国内销售增长更高达13.9%，巨大的制冷剂消耗量对全球气候变暖造成较大的威胁，新型环保制冷剂的研发及使用势在必行。

2 相关理论知识

所谓环保型制冷剂，它基本以两个数值作参考：一个是评估臭氧层损耗物质的ODP值，另一个是GWP值（全球变暖潜能值），它是以二氧化碳对温室效应的影响为标准。比如，GWP大于150，那就意味着这个制冷剂给温室效应带来的影响是二氧化碳的150倍。上面说到的R12制冷剂的GWP则在10000以上。

1985年3月通过的《保护臭氧层维也纳公约》以及1987年9月通过的《关于消耗臭氧层物质的蒙特利尔议定书》对新型制冷剂的研发和发展起到了正面的作用，它主要明确了卤代烃类制冷剂（氟利昂）会对环境造成不良影响。一些发达国家在这方面的表现比较积极，最终确定没有氯元素的氢氟烃类制冷剂R134a将作为第三代制冷剂，R134a明显优于R12，两者制冷持平，但R134a的GWP值要低于R12十倍。

根据欧盟《汽车空调系统指令》的规定，从2011年开始，所有在欧洲销售的新款车型都必须使用GWP的制冷剂，进一步降低制冷剂对环境的影响。在第四代制冷剂的探索阶段，发达国家仍是主力，而包括中国在内的一些发展中国家也投入了相应的研发力量。到2017年，所有在欧洲销售的汽车都要使用GWP值低于150的制冷剂。R134a制冷剂的GWP值为1430，显然它无法满足欧盟的这一要求。

一直致力于制冷剂研发与生产的杜邦公司依旧是整个行业的引导者,2007年杜邦公司和霍尼韦尔公司共同向汽车行业推出了R1234yf制冷剂。R1234yf制冷剂的GWP值为4,它比欧盟法规要求的GWP值低97%。汽车制造商和国际汽车工程师学会(SAE)组成的研究小组对这种制冷剂的安全性和制冷效果等领域进行了广泛的测试。最终,R1234yf被认定为在环保和市场需求方面最适合未来发展需要的一种制冷剂。R1234yf与R134a在汽车空调制冷系统中的压焓比较如图7-2-1所示。从图中可以看出,它们的冷凝压力和蒸发压力接近。R1234yf制冷系统与R134a制冷系统对比,高压压力较低,低压压力较高,系统运行压力低,这样有助于降低系统制冷剂的泄漏可能;同时压缩机的压缩比减小,提高了制冷系统的循环性能。表7-2-1为R1234yf与R134a对比,临界温度和标准沸点R1234yf都略低,这说明该制冷剂在温度相对较低的情况下运行更好。空调系统内容积不变时,R1234yf充注量约为R134a的90.6%,对制冷剂消耗小。R1234yf的吸水性较小,因此使用此种制冷剂系统发生冰堵的可能性更小,对于空调系统的装配时间要求没有R134a严格。

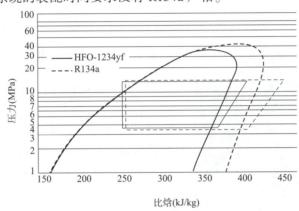

图7-2-1　R1234yf与R134a在汽车空调制冷系统中的压焓比较

R1234yf与R134a热力性能比较　　　　　　　　　　表7-2-1

性　能	R1234yf	R134a
正常沸点	-29	-26
临界点温度	95	102
25℃的饱和蒸汽压力(MPa)	0.673	0.665
80℃的饱和蒸汽压力(MPa)	2.47	2.63
25℃的饱和液体密度(kg/m³)	1094	1207
25℃的饱和蒸汽密度(kg/m³)	37.6	32.4

R1234yf作为R134a的替代物已经被欧盟认可。其大气寿命仅为4~11天,而R134a则长达13.4年,R1234yf的环保性能更好。所以,该新型制冷剂被认为是R134a替代的经济型方案。2014年3月11日,欧盟委员会的顶级科研与技术机构得出结论,证实霍尼韦尔的制冷剂R1234yf可安全地用于汽车,这标志着该制冷剂的有效性经过彻底而详尽的评估过程而获得最终结论。

R-1234yf对制冷设备中所有常用金属材料不具有活性和腐蚀性,包括碳钢、不锈钢、铜和黄铜等。但可与铝、镁、锌反应,尤其是除去表面氧化层的铝、镁、锌,设备中要禁用。

R1234yf为弱可燃性,而R134a为不燃制冷剂,R1234yf属于低毒类化学物质,它属于

ASHRAE 毒性分类的 A 级。但被吸入时可引起嗜睡和注意力不集中，头晕眼花，眼睛、皮肤和呼吸道系统不适，这也是制冷剂替换过程中争议最大的问题。但通过动物毒性以及染色体试验表明 R1234yf 不会导致人类基因突变。

 复习与思考题

1. 试述采用新型环保制冷剂的原因。
2. 试述新型环保制冷剂 R1234yf 的优点与缺点。

任务 3　IWT 新型热交换管路

❶ 任务引入

如果冷凝器散热不好，会造成制冷系统压力升高，同时还会有大量的制冷剂以气态的形式离开冷凝器，严重影响制冷效果。在不增加部件的前提下，如何提高空调系统的冷凝效果呢？

❷ 相关理论知识

为了进一步提高空调系统的冷凝效果，在宝马、大众、雪铁龙等车型上，安装了新型"内部热交换器"（IWT），如图 7-3-1 所示。它实际上是一种"管中管"的设计形式，低压管路（内侧）与高压管路（外侧）在空间上相互分隔。这根特殊软管在管路系统中通过从蒸发器流出的约 5℃的制冷剂，将冷凝器约 55℃的已冷凝制冷剂冷却至约 45℃。通过这种设计可以实现高低压管路之间的热交换，在提高空调系统制冷效率的同时降低了油耗。由此可提高蒸发器功率，并在制冷功率相同的情况下降低制冷剂循环流动量，可实现较小的空调压缩机功率消耗，从而降低耗油量。流向压缩机的制冷剂所含热量会使制冷剂完全蒸发。这可防止带出的液态制冷剂进入制冷剂压缩机内。

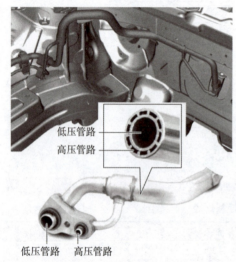

图 7-3-1　内部热交换器（IWT）

 复习与思考题

试述 IWT 新型热交换器的作用。

任务 4　电动空调压缩机

❶ 任务引入

自从新能源汽车的兴起，纯电动汽车及混合动力汽车在没有发动机或发动机不工作时，如何驱动汽车空调压缩机的工作呢？

2 相关理论知识

汽车空调压缩机随着新能源汽车的兴起发生了巨大的变化,可以不通过内燃机驱动而独立工作,因此无论是在纯电动汽车行驶期间,还是静止状态下,空调系统都可以为客户提供相同的制冷效果。在此取消了前端的皮带驱动轮,增加了驱动电动机和单独的控制模块。其结构如图7-4-1所示。

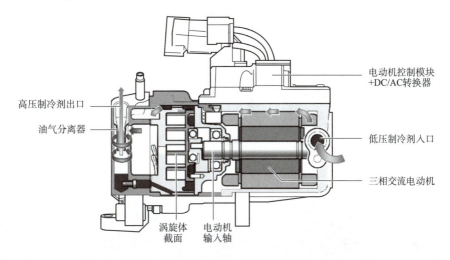

图7-4-1 电动空调压缩机结构

压缩机使用了一个三相交流同步电动机作为驱动装置,来保证其正常稳定工作。它采用一种内部转子结构,通过六个永久磁铁形成转子磁场,最大电功率为5kW。新能源汽车使用的是高压直流电池,必须借助变频器将直流电转化为三相交流电。电子控制装置和变频器均整合在空调压缩机的壳体之中,通过流经的低压制冷剂对这两者进行冷却。电子控制装置接收并分析空调控制单元的请求信息,控制变频器将直流电压转变成三相正弦交流电流输出,保证三相永磁同步电动机平稳运转的同时,产生足够的转矩以驱动压缩机运转,并在一定的转速范围内(2000~9000r/min)连续调节转速,实现压缩机的不同功率输出。

如果空调压缩机中变频器的温度升高到110℃以上,空调控制单元就会关闭电动空调压缩机。采取不同的预设措施(如提高转速以实现自我冷却),尝试限制温度。

用于压缩制冷剂的是涡旋压缩机,因其具有振动小、噪声低、使用寿命长、质量轻、转速高、效率高、外形尺寸小等诸多优点,被广泛应用于新能源电动汽车中。

涡旋压缩机根据排挤原理由两个相互嵌套的涡旋体构成。其结构如图7-4-2所示,静涡旋体中的箭头显示了压缩后冷却剂的出口位置。交流电动机通过转轴驱动动涡旋体螺旋。动涡旋体做偏心圆周摆动运动。通过偏心运动使得两个涡旋反复接触,在涡旋之内形成多个逐渐变小的腔室,从而通过固定外螺旋中的开口吸入气态制冷剂。旋转大约2圈之后(旋转720°之后),将吸入的制冷剂压缩。在随后的变化过程中(旋转960°之后)制冷剂通过外螺旋中的中间开口以气态形式释放流向冷凝器。其工作过程如图7-4-3所示。

电动空调压缩机不通过发动机多楔带驱动,因此纯理论上它可以安装在车辆的任何位置,但是出于空间原因和利用现有冷凝器连接的考虑,没有更改其安装位置,继续安装于发动机左下侧或右下侧位置,如图7-4-4所示。

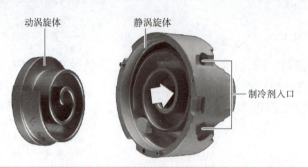

图 7-4-2　涡旋体结构

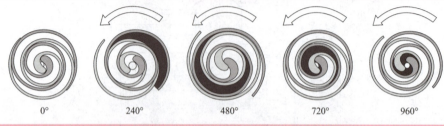

图 7-4-3　涡旋压缩原理

图 7-4-4　电动空调压缩机安装位置
1-信号插头；2-高电压插头；3-低压管路；4-消音器；5-高压管路；6-电动制冷剂压缩机

　　在混合动力车辆上对附属总成噪声方面有很高要求，由于在静止状态下和电动行驶期间内燃机并不运行，因而无法掩盖附属总成的噪声。因此，需对电动空调压缩机的噪声进行优化处理。在空调压缩机与冷凝器的接口处安装了一个专用消音器。同时，采用专门的隔音部件用于隔绝噪声，即使在车辆静止且内燃机关闭的情况下，也几乎感觉不到空调系统的噪声。

　　电动空调压缩机制冷剂循环回路中继续使用 R134a 作为冷却剂，制冷工作除了满足车内制冷需求，还要能满足高压蓄电池的冷却需求。其结构如图 7-4-5 所示。启用车内空调系统时或高电压蓄电池需要冷却时，就会接通电动制冷剂压缩机，系统对相应位置进行冷却。此时，可分别进行车内冷却和高电压蓄电池冷却。为了能够分别进行蓄电池冷却和车内冷却，在制冷剂循环回路内集成了专业电磁阀。这些电磁阀可根据实际需要开启部分循环回路。因此，可以保证系统高效性和正常的调节特性。表 7-4-1 列出了阀门和电动制冷剂压缩机之间的控制关系。

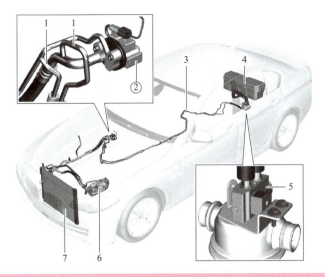

图 7-4-5 电动压缩机空调制冷循环回路

1-至高电压蓄电池的制冷剂管路分支;2-车内冷却用冷剂循环回路内的膨胀和截止组合阀;3-至高电压蓄电池的制冷剂管路;4-高电压蓄电池;5-高电压蓄电池冷却用制冷剂循环回路内的膨胀和截止组合阀;6-电动制冷剂压缩机;7-制冷剂压缩机内的冷凝器

阀门和电动制冷剂压缩机控制关系　　　　表 7-4-1

制　冷	用于蒸发器的膨胀和截止组合阀(车内)	用于高压蓄电池的膨胀和截止组合阀	电动压缩机
高电压蓄电池	关闭	开启	接通
车厢内	开启	关闭	接通
高压蓄电池和车厢内	开启	开启	接通
不制冷	关闭	关闭	关闭

只有满足以下前提条件时,才允许售后服务人员对带标记的高电压组件进行作业:具备资质、遵守安全规定、严格按照维修说明操作。售后服务人员进行高电压组件作业前,必须通过执行安全规定关闭高电压系统。将所有高电压组件断电,从而确保安全地进行工作。

拔下电动制冷剂压缩机上的高电压插头之前,必须将高电压系统切换为无电压。

 复习与思考题

试述电动空调压缩机的结构与工作原理。

知识点小结

1. R744 空调制冷系统工作压力高,维修时一定要按照维修规范进行操作,防止高压系统喷射对人体伤害。

2. R1234yf 制冷系统与 R134a 系统制冷剂不能混用,可通过维修充注阀进行区别。

3. 电动压缩机在新能源汽车上的使用率较高。维修压缩机时,应严格遵守高压电维修安全规定。

参 考 文 献

[1] 谭本忠.看图学修汽车空调[M].北京:机械工业出版社,2013.
[2] 杨柳青.汽车空调构造与维修[M].2版.北京:人民交通出版社股份有限公司,2017.
[3] 孟范辉.汽车空调系统检修[M].北京:北京理工大学出版社,2016.
[4] 岳江.汽车空调系统检修[M].3版.北京:人民邮电出版社,2011.
[5] 寇春欣,霍雷刚.汽车空调构造与维修[M].北京:中国石油大学出版社,2019.
[6] 张松青,杜潜.汽车空调结构原理与维修[M].北京:冶金工业出版社,2016.
[7] 常亮,王艳.汽车空调检测与维护[M].镇江:江苏大学出版社,2014.
[8] 张蕾,梁立学.汽车空调构造与维修[M].北京:清华大学出版社,2014.